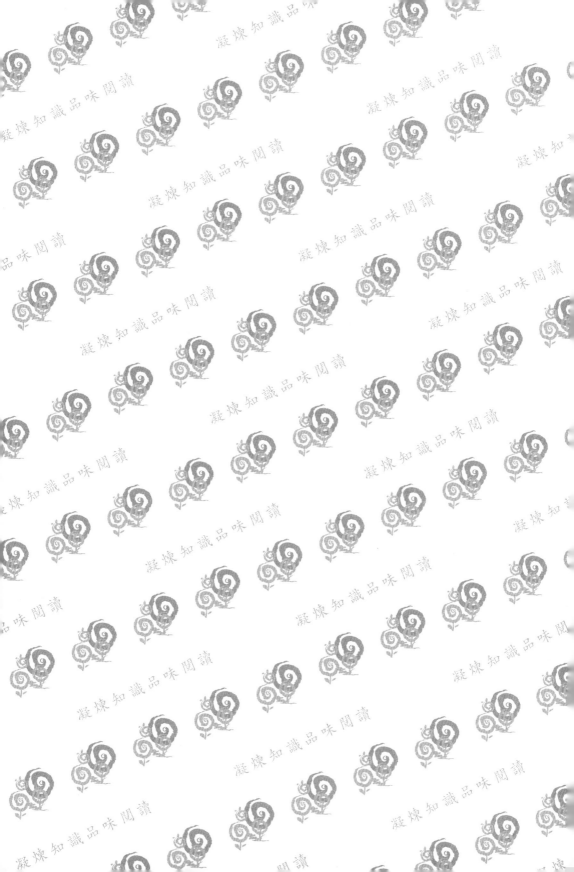

課室討論的關鍵
有意義的發言、專注聆聽與深度思考

Jackie Acree Walsh, Beth Dankert Sattes　著

張碧珠　等譯

五南圖書出版公司 印行

Questioning for Classroom Discussion

Purposeful Speaking, Engaged Listening, Deep Thinking

Jackie Acree Walsh, Beth Dankert Sattes

Translated and published by Wu-Nan Book Inc. with permission from ASCD®. This translated work is based on Questioning for Classroom Discussion: Purposeful Speaking, Engaged Listening, Deep Thinking by Jackie Acree Walsh and Beth Dankert Sattes. © 2015 ASCD. All Rights Reserved. ASCD is not affiliated with Wu-Nan Book Inc., nor responsible for the quality of this translated work.

致 謝

無數個人提供了靈感、鼓勵和支持，這使我們能夠承擔並完成這個項目。

ASCD 收購編輯 Allison Scott 從一開始到結束，始終就鼓勵我們。Allison 確定需要一本書，以提供一種實用的方法來培養學生的討論技巧。當我們概念化這本書的框架時，她提出了深思熟慮的問題，並在早期草稿中提供了有用的反饋。她不僅提供了與書有關內容明智的建議，且堅持不懈地耐心等待，並理解在整個過程中的作業。

Cristina Solis 是一位熱情而堅定的實踐者，他首先邀請我們，爲專注於管理的人員設計專業的學習體驗，爲「高品質的提問」、「提問與討論」，以及「3b Danielson 有效教學框架指標」之間的工作進行聯繫。透過與 Cristina 的對話，我們開發了新的見解，引領我們想寫這樣一本書的可能性。在本書中，Cristina 爲我們提供了驗證框架的機會，當我們爲紐約市教師、校長和教學教練團體，提供了專業發展並提供支持。我們將 Cristina 視爲思想夥伴、同事和朋友。

我們熱衷於在加班時與教師和學校領導一起工作，專注於反思提問實踐的專業學習。多年來，我們與這個國家數千名教育工作者進行了互動，從經驗和工藝知識中吸取了心得，他們也與我們做分享。我們特別感謝在這本書參與介紹的教室教師們。此外，我們對於讓我們能與這些教師一起工作的學校領導，表示感謝。

當我們開始這個項目時，我們與曼哈頓新學校前任校長 Sharon Hill 合作，以及她令人驚嘆的教師隊伍，增進我們對小學階段提問討論的理解。Paige Meloni，爲 SCUC（德克薩斯州）學生和學術服務執行主任（ISD），使我們能夠在課堂上與教師和學生聯繫，從而在文本中納入他們的一些想法。校長 Lisa Berry 和她在 Hewitt-Trussville 中學（阿拉巴馬州）的教師，開放了他們的教室和提供了影片，作爲本書某些章節的一部分背景。Naomi

Isaac-Simpson 支持我們在紐約和新澤西州的學校工作，將我們的研究帶入課堂，並分享無數小學課堂討論的例子，尤其是數學課。Cheryl Altizer，爲 Ansted 小學校長（西維吉尼亞州），她的工作人員歡迎我們進入他們的學校一起學習如何讓 K-5（五年級）學生參與討論。

我們非常感謝教學頻道的連接許可，透過使用二維碼選擇影片，並連結到影片中出現的個別教師。

所有作者都站在思想家和作家的肩膀上，隨著時間的推移閱讀和反思。我們特別感謝 James T. Dillon，加州大學河濱分校的榮譽退休教授，他的工作是提問與研究討論，在我們的工作早期影響了我們。Dillon 對在複誦的提問和討論的提問之間的區分，繼續推進我們的思考。

Carla McClure 仔細閱讀了我們的稿件，並提供了幫助反饋。Carla 這些年一直是我們重要的朋友之一。我們重視她的智慧、洞識和友誼。

Jackie 很感激她的孩子 Catherine 和 Will 所提供的靈感，與大學生一起時，他們都是非凡的提問者和討論的推動者。她還要感謝一位價值非凡的同事 Cathy，給予智識上的刺激和道義支持。Gassenheimer，目前爲阿拉巴馬州最佳實踐中心執行副總裁。

Beth 非常感謝母親。首先，母親教導她討論的價值。她使用餐桌周圍的各種主題，沒有太多的爭議。Both 透過與丈夫 Lyle、她的兒子 Chris 和 Michael 的討論來學習，即便這工作讓她遠離家庭好些日子和時光，所有人都支持她的工作。

最後，我們感謝 Jamie Greene 細心周到的閱讀和審稿手稿。作爲 ASCD 的副主編，他有效地管理編輯和審查全書，提高了最終的產品品質。

目 錄

簡　介
提問討論案例

> 我們為什麼要更加重視提問，以供我們的教室進行討論？

提問和討論是學生學習的重要手段和目標。研究透過提問和討論將學生參與聯繫起來，以改善學習成果，包括更高層次的思考和學生學習成效的提高（Applebee et al., 2003; Murphy et al., 2009）。此外，提問和討論的技巧也很有他們自己的價值。雇主報告說他們對事業成功很重要（Wagner, 2008），大學教授也吹捧在學術環境中的價值（Conley, 2008; Graff, 2003），我們哪個人會不同意討論和批判性思維技能，是我們民主社會中積極公民身分的關鍵？

提問和討論，使學生從被動參與者轉移為積極意義的製造者。這兩種技能的性質的認可，可以在新的國家標準中，以及教師評分標準中找到。主張更多地關注提問和討論者認為，這些技能支持批判性思維和協作問題解決（Schmoker, 2006; Wagner, 2010）。

既然提問的價值令人信服，人們可能會認為這些教學策略，在美國各地的高級中學以下教室裡經常得到有效的使用。但是，有大量研究顯示是相反的：課堂討論在我們的學校是一個罕見的事件。也許這是為何當前的課程標準和教師評估系統，之所以強調提問的一個原因。巧妙地使用提問以進行討論，顯然是一種值得追求的課堂實踐。

提問和討論：於學習和教學標準的重要

共同核心國家標準（Common Core State Standards, CCSS）的特徵是將閱讀和寫作，以及說／聽三位一體納入英語語言藝術（English language arts,

ELA）／識字標準。根本的邏輯是，這三種技能是相互依存的、相互促進，並加深學生對內容的理解。這個邏輯在第一個 CCSS 中很明顯，說話和聽力的標準，指出學生應該能夠做到以下幾點：

> 與不同的合作夥伴，準備並有效參與各種對話和協作，建立在他人的想法基礎上，清楚有說服力地表達自己的想法。（ELA-Literacy.CCRA.SL.1）

討論和提問的結合，從幼兒園開始，出現在年級水平與幼兒園相關的共同核心標準。當學生在十一到十二年級時，他們應該做到以下：

> 透過提出和回答探究的問題來促進對話、推理和論證；確保能聆聽各種主題或問題的立場；澄清、驗證或挑戰想法和做結論；促進分歧和創造性的觀點。（ELA-Literacy.SL11-12.1C）

所有非語言和聽力標準中，都出現了類似的語言 CCSS 聲明。例如：這是維吉尼亞州的英語學習標準（Standards of Learning, SOL）之一，就九到十年級：「透過回應問題來延續對話，積極讓其他人參與討論，並挑戰思想」（10.1CF）。同樣地，德州——德州基本知識的州標準和技能（Texas Essential Knowledge and Skills, TEKS）——包含口語和聽力學生提問與協作對話。

拜數學實踐共同核心標準之賜（http://www.corestandards.org/Math/Practice），今日很多數學課堂和學生討論還方興未艾。即使提問和思考支持所有這八個標準，都是數學實踐標準 3（Mathematical Practice Standard 3）需要特定師生討論提問技能：「建構可行的論點，並批判他人的推理」（CCSS.Math.Practice.MP3）。更具體地說，這個標準要求學生「證明他們的結論，將它們傳達給他人，並回應他人的論點」和「所有年級的學生都能傾聽或閱讀他人論點，決定他們是否有意義，並提出有用的問題澄清或改進

論點。」

　　看看下一代科學標準（Next Generation Science Standards, NGSS）揭示了八個 NGSS 科學實踐中，有四個與提問或討論直接相關：問問題；建構解釋；參與證據的論證；獲取、評估和傳播訊息。此外，基於探究的科學本質有助於學生對話，讓學習者進行假設和推測、測試和評估結果，並協同工作以理解他們的實驗。

　　學院（College）、職業（Career）和公民生活框架（Civic Life Framework）（此「C3」）由全國社會研究委員會（National Council for the Social Studies），於 2013 年發布之「探究弧」（inquiry arc），跨越社會科學學科的四個維度：發展問題和計畫調查；運用學科概念和工具；評估來源和使用證據；並傳達結論和接受知情行動。強調提問和討論是顯而易見的。

　　毫不奇怪，在學術背景下，說和聽成為由 TESOL 制定之英語語言能力（English Language Proficiency, ELP）的核心能力。標準 1 是「英語語言學習者在學校環境中，以社交、跨文化與教學為目的之溝通。」（TESOL, 2006, p. 28）Fisher 和 Frey（2008）強調口語是閱讀之間的橋梁並寫道：「口語任務並不以談話結束，而是支持學習，讓學生在閱讀之前刺激他們的思維或澄清他們的理解，使用語言以準備寫作。」（p. 41）

　　討論是學習標準的重點，也是支持當前教師評估的基礎研究架構。例如：Charlotte Danielson 的教學框架，是美國最廣泛使用的兩種評估系統之一（Popham, 2013, p. 61），用以聚焦質疑和討論。提問和討論（3b）是「唯一具體提及的教學策略」之教學框架，這一決定反映了他們的核心「重要性」的教師實踐。Danielson 將討論和提問，視為加深理解策略（個人通訊，2014 年 12 月 10 日）。

　　與提問和討論相關的三個要素，構成了 Danielson 框架中的相關組件。這些要素是：(1) 高品質提問問題／提示；(2) 討論技巧，以及 (3) 學生參與。Danielson 的標準，包括評教師質量的四個級別：傑出、精通、基本、不滿意。提問的傑出水平和討論部分需要學生的積極提問，挑戰彼此的想法，並發表評論。這種期望是建立在假設教師正在發展這些領域的學生技能，創造

學生的課堂文化，而學生也很樂意履行這些責任。這種多面向的教師責任觀點，是我們在本書中提出的。

Danielson 教學框架組件 3b：使用傑出的提問和討論技巧（4 級）

教師使用各種或一系列問題或提示來挑戰學生認知，推進高層次思考和話語，促進後設認知。學生提出許多問題，提出主題，挑戰彼此的想法，並做出不請自來的貢獻。學生們他們自己確保在討論中，並讓所有的聲音被聽見。（Danielson, 2013, p. 67）

當前對提問和討論的強調凸顯了這個問題：課堂提問的現狀和實踐是什麼？尤其是它支持學生討論嗎？

如果你認為這種強調源於，感知需求或最佳實踐與實際記錄之間的差距，以下將肯定你的想法。

討論：K-12 課堂中罕見的事件

教育思想領袖長期以來，一直對學生在 K-12 教室有限的互動機會感到遺憾。三十多年前，Ernest Boyer 關於美國中等教育的報導，寫道如下：

> 課堂上大多數的討論一旦發生，就需要簡單回憶（什麼是 1763 年條約的規定？）或一個想法的應用（使用於查找原子序數的元素週期表）。偶爾會有學生被問到制定解釋（如果我們要在一個角落釋放氨，為什麼可以在房間對面的角落聞到它？），但嚴肅的知識討論卻很少見。（Boyer, 1983, p.146）

同樣，John Goodlad（1984），為學校教育首席研究員，在具有里程碑意義的研究中蒐集並分析了來自 1,000 多個 K-12 教室的數據觀察結果顯示：討

論是師生之間的相互作用，平均只占班級的 5% 時間。

　　自那時以來，這種現象變化不大，由於研究人員繼續發現眞正的討論很少出現在 K-12 教室裡。例如：Kamil 及其同事（2008）報告說：「目前的討論每 60 分鐘平均只有 1.7 分鐘的課堂教學，這不到課堂時間的 3%，教室之間的數據大致介於 0 到 14 之間。」（p. 22）閱讀這一統計數據的教師可能會試圖說：「在我看來，這不是眞的課堂。」但我們認爲我們做的和我們實際做的事情之間的差距，可能比我們想像的要大。請考慮 Applebee 的以下發現（1996）：「雖然中學和高中教師報告『討論』是他們的主要教學形式，在 112 個八年級和九年級的研究中，語言藝術課，研究人員發現，參與的學生的課堂眞實討論，每小時不到 1 分鐘。」（p. 87）此外，在 24/7 的學習研究中對 1,500 間教室進行討論研究，發現了「學術對話和討論的證據」，僅觀察到 0.5% 的教室（Schmoker, 2006, p. 66）。

　　一些關於教學實踐的大規模研究，使用了 Danielson 他們的數據蒐集部分的框架。例如：MET 研究由蓋茨基金會（Gates Foundation）資助，經過培訓和認證的觀察員進行蒐集使用此框架的數據。在可以觀察到的 10 個教室組件中，3b（討論）得到最低的達成率；就是教師最難實現以上的領域基本評級（Ho & Kane, 2013）。

　　芝加哥大學城市教育芝加哥學院研究所，在聯盟進行的另一項大型研究中發現了平行結果。在 Danielson 的 3b 組成部分中，41-45% 的教師獲得不滿意或基本評級。在其他九個可觀察的組成部分中，的確，教師在這個部分得到低評分的比例要高得多（Sartain et al., 2011）。顯然，這些研究表明，在大多數教室沒有更高層次的提問和討論。

　　Tony Wagner（2010）爲這些定量數據增加了另一個來源：學生語音。在「全球成就差距」中，他寫道，「我對他的採訪，學生們與他們的高中和大學教師都證實了這一點，依靠教科書獲取訊息，學生們對教學的講課風格越來越不耐煩了，並渴望進行更多討論。」（p. 178）

🧠 提問討論

二十多年來，我們與課堂教師密切合作，加強他們對課堂提問的使用。從一開始，我們就在討論提問和複誦提問方面做了區分。複誦是課堂話語的主要形式，遵循一種模式稱為 IRE（啓動、響應、評估）。換句話說，教師問一個有「正確」答案的問題，要求一個學生回答，並評估該學生的回應。雖然這種提問模式有一些基本的教學目的——特別是在學習週期的早期階段——IRE 不鼓勵「探索思想，這是對於理解奠基於討論方法的發展，至關重要。」（Applebee, 2003, p. 685）

促進深入參與分析、評估和評估的問題，與複誦中的思考完全不同，這是確立學生為學習事實，還是建立預期知識庫。討論的問題是發散的，不是收斂的；換句話說，他們接受不同的解釋和結論，而不是一個「正確答案」。他們讓學生參與更高層次的訊息處理，超越純粹的教科書或教師答案的反芻。他們透過創造，激發學生心中的內部爭論、認知失調或提出真實的挑戰或問題。

> 促進深度參與，引發學生的內心辯論之問題。

對於點燃和維持真正討論所需的提問策略，在思維方式上，與用於朗誦上的那些大不相同。使用 IRE 模型不能進行真正的討論，其中教師是所有學生談話的樞軸點和過濾器。相反地，真正的討論點是讓學生彼此交流思想，與同儕進行對話。雖然教師不退位，只負責監督學生談話的適當性和質量，目標是維持學生的思維和學生與學生之間的互動。特別是，教師要抗拒誘惑去評論每個學生，無論是積極的，還是消極的。不像在複誦中動輒提出問題，教師鼓勵學生提問，同意或不同意，並為他們的立場提供理由。當教師進入討論的時候，往往是參與思想的流動。

將課堂對話不管是複誦或是到討論，都沒有發生。它需要承諾，企圖心和去實踐。無論是學生還是我們的專業培訓，我們學習和參與真實討論的機會有限。對於我們的學生來說尤其如此，他們生活在一個 24 小時充斥著新

聞頻道，其政治小組傾向於「不文明」，而非「有條理」的文化環境。

　　本書適用於希望透過改變他們自己和學生，以改變學生學習成果的教師們。它提供了一個框架、策略和規劃與促進課堂討論的工具，幫助學生培養大學、職業所需的技能和傾向、公民身分，以及有意義和高效能的生活。它也適用於學校領導，正在尋求更深入的個人理解，什麼模範課堂討論該優的樣子，以及那些致力於與學校的教師，以增進學習這項強大的學習方法。

本書的組織

　　本書中描述的討論，不僅需要教師和學生掌握新技能，採用新的性格，而且還要忘掉與我們「做學校」有關的習慣方式。這本書的目的是幫助讀者瞭解我們爲什麼及如何做，可以培養課堂進行高效能的討論。

　　第 1 章解釋了高品質的提問支持的四種實踐深思熟慮的討論：(1) 制定重點問題以啓動和維持學生思考與互動；(2) 促進學生的公平參與所有學生，以確保他們負責制定回應和貢獻討論；(3) 支持學生維持評論、加深思考和理解；(4) 創造一種課堂文化，支持深思熟慮和尊重的話語。

　　第 2 章介紹了高產能，討論相關的四種能力，教師可以在學生中發展：社交技能、認知技能、知識的使用技能和支持性傾向。透過明確教導學生這些如何有助於高效能的討論，並提供機會讓學生練習和完善這些技能與性格，教師可以幫助學生進行有紀律的討論。

　　我們確定了構成討論的三種不同形式（見圖 A），就學生討論的實踐領域：教師主導型的討論、結構化小組型的討論和學生主導型的討論。這三種

圖A　三種討論形式

形式存在於從「更多教師控制」到「更多學生責任」的連續統一體中，並且每個人在學習週期的不同階段都具有內在價值。透過有目的使用教師指導和結構化的小組討論，教師可以支持學生的技能和性格發展，有效的討論需要——並爲學生在學習週期的適當時刻，進行以學生爲主導的討論，做好準備。

第 3 章側重於教師指導的討論，其中教師在促進學生談話方面發揮積極作用。教師有目的性地提供評論，提出問題，並明確地在課堂對話中，塑造學生的認知參與，加深學生對內容的理解。教師示範，建構和指導學生培養有助於高產能討論的技能。教師指導的討論可以在全班或小組中進行。本章介紹了討論中五個階段的規劃、實施和反思。此結構有助於在高效能討論時，更能思考周延。

第 4 章討論了結構化的小組討論，它發生在教師策略性地將學生分配到小組，並使用指南和結構對話的協議。例如：教師可能會描繪出學生的角色和責任，提供逐步指導或問題，用於探索主題或使用基於文本的協議。嵌入的結構小團體，有助於發展三種社會技能——透過討論、傾聽和協作——增進認知和使用知識技能。他們還培養相關的傾向。

第 5 章探討了學生主導的討論。在這種類型的話語中，學生承擔引導討論的主要責任，以指導方針爲依歸，往往以 Paideia 或蘇格拉底式的研討會等框架爲運作方式。成功的學生主導討論的關鍵是，確保學生瞭解他們在這種環境中的角色和責任，選擇適當的文本或主題進行討論，並儘量減少教師介入對話。學生們正是在這個舞臺上，透過最少的教師干預來探索主題，整合來自不同領域的知識，並創造思考問題的新方法。

第 6 章爲讀者提供了本書提供的框架、工具、資源之回顧，以及反思如何與學生一起使用。當你和你的學生一起在計畫與進行高效能的課堂討論時，我們希望你能發現這是一本經常求助、有用的實踐手冊和實用資源。

致力於旅程

　　我們認為這本書是所有學科的 K-12 教師的資源，也為負責指導和支持他們的教學領導者而寫。為此，我們有包括一系列工具和資源，你可以從中選擇技能和最適合你的教學特定年級及內容領域的策略。我們建議讀者在開始其他章節之前，要先從第 1 章和第 2 章開始。這些章節為第 3-5 章提供了基礎。雖然第 3 章、第 4 章和第 5 章中提出的討論形式彼此相連，但這些章節可以單獨存在，並以任何順序閱讀。

　　提問和討論很有可能讓學生參與最高層次的思考和學習。能達到何種潛力的程度，取決於擁抱這些方法的個別教師，如何用它們作為連接學科的工具，實踐並使它們成為自己的一部分，瞭解學生的心靈和思想，並充分意識到學生建立了夥伴合作關係。我們希望這樣一本書能激勵你重新參與此旅程，並幫助你帶領你的學生獲致更高的高度。

> **反思和連接**
>
> 反思你和你的學生在課堂與學校討論中，在使用提問時所處的位置。你對用以與學生討論的提問法，看法是什麼？你希望從閱讀中獲得什麼，並反思這本書？

1 高品質的提問
具思考力的討論之核心要素

> 何種類型的提問，能激發並維持具創造性的討論？

熟練且具思考力的學生討論，其核心在於高品質的提問。一旦學會高品質的提問，並教會學生這樣做，教師可藉由學生的有效發言、專心聆聽、深度思考，改變典型的課堂互動方式。認知要求會增加，因為學生需要提出自己的問題，而非被動等待教師的提問。因為他們發言和聆聽的對象是同儕，而不只是教師。高品質的提問，賦予學生權力去挑戰既定的言談形式。而這需要開放心胸，尊重不同觀點，堅持不懈地發展新的理解。

一個精心設計具啟發性的提問，是思維能力最好的催化劑，它能引導學生有效發言與聆聽。隨後的評論或提問，能進一步引導學生論證和推理，以確保嚴謹的思考能力。尊重「思考時間」，可以讓學生更深入地學習思考，並深入探究同學的想法。支持學生思考，有效引導課堂參與，能確保不同觀點的表達。對學生評論進行有效回應，能維繫他們的思維行為。

教師的有效提問，為學生提供了一種支持性的架構，讓學生能透過討論進行思考；也為學生提供一個示範，支持他們去承擔更多責任，管理課堂上進行的言談。以上這些行為融入一種鼓勵思考的氛圍，深刻且具創造力的討論就容易產生。

複誦型提問和討論型提問

J. T. Dillon《提問和教學：實踐手冊》（*Questioning and Teaching: A Manual of Practice,* 1988）對課堂提問的探討，讓我們獲益良多。Dillon 為「複誦型提問」和「討論型提問」進行區隔。「複誦型提問」是現今教室

教學的常態，「討論型提問」能促進互動，卻很少發生在 K-12 教室裡。自 1988 年此書出版以來，美國教室幾乎十年如一日一成不變：複誦教學，許多研究人員慣稱（Mehan, 1979），仍然是教室言談的主流形式。Gordon Wells（1993）將這種師生談話之歷程稱為 IRF，即教師啟動（initiation）——學生回應（response）——教師回應（feedback）。有鑑於當前對形成性評估的重視，IRF 更能精確地描繪一個有創造性的教室言談。

Dillon 關於「複誦型提問」和「討論型提問」在定義上的區分，在過往和現今一樣具備意義。Dillon 提出了兩者在目的和特性上的差異。多年來，和我們共事的教師們，對這種區分的實際效用，予以肯定。透過我們的研究，更加深了對此差異的理解。圖 1.1 呈現了「複誦型提問」和「討論型提問」的區別。當你回顧此訊息，你能進一步推論，複誦教學是教師所架構的學習環境，幫助學生能掌握核心知識和基本技能。而討論教學，則提供了一個學習競技場，學生能對知識進行批判性思考或創造性思考，並將知識融入自我的心理框架。

圖 1.1 提問目的在複誦和討論之比較

提問目的	
複誦	討論
• 發展基礎知識和技能 • 提供練習機會 • 為師生提供形成性反饋，以檢核理解程度 • 建立個人責任 * • 鼓勵學生自我評估 * • 提示學生重要知識 • 鼓勵學生（不是教師）講話 *	• 個性化意義並連結先備知識 • 擴展或深化思考 • 透過提問和建立新連結，加深對概念的理解 • 聆聽以理解和欣賞不同觀點 • 學習如何以禮貌方式表達不同意見 • 反思自己和他人的信念 • 培養團隊工作所需之生活技能

* 這些特徵適用於討論和複誦。

可以確定的是：「複誦型提問」和「討論型提問」同樣重要。Dillon 觀點是，兩者有著截然不同的目的性。複誦型提問對檢核學生理解，相當重

要。在這種情況下，教師提出問題是為了進行形成性評量。Dylan Wiliam（2011）將這種問題，稱為「鏈接點問題」（hinge-point questions）。他認為，「鏈接點問題」應該成為教學程序的一部分。這些問題的目的，是去確認學生能否繼續學下去，或者教師需要重教一次。「複誦型提問」不僅為教師提供形成性反饋，如果使用得宜，它也能幫助學生反思，對事實和概念的理解程度。學生自我評估，就是最有效的形成性評量。

複誦型提問，有助於檢核學生的理解程度。而「討論型提問」有助於建立並加深學生的理解。但通常是在學生能掌握核心內容後，才會產生。當教師在規劃課程時，他們需要明確知道，教學單元中的任何討論和提問，皆有其明確目的。

無論具體討論的目的為何，這些討論型的提問，是教師角色的縮影，其目的在支持學生發展高產能討論所需之技能與態度。教室提問最核心的部分，在於教師所架構的問題，用以啟動並催化整個學習過程，無論其目的是複誦還是討論。是提問問題本身的性質，決定了學生只是複誦，還是進行討論。

> 雖然討論和複誦很類似，在於兩者都是師生之間，一來一回的對話。但討論是一個特殊的過程，它需要透過問題，來觸發此一過程。因此，使用適合複誦的問題提問，只會妨礙討論，把它變成像複誦一樣的東西。（Dillon, 1988, p. 119）

圖 1.2 借用了 Dillon 的想法，呈現在這兩種情境中，提問問題的不同特質。當被問到時，大多數教師會說，討論型問題是開放式的，鼓勵學生進行思考。而複誦型問題，旨在確認學生是否瞭解關鍵事實和概念。然而，並非所有教師都充分意識到，一個經過深思熟慮的討論型問題，可以帶來一整個課堂的討論。

圖 1.2 複誦型與討論型提問之比較

提問特徵	
複誦	討論
• 有問題的是學生是否知道教師的（「正確的」）答案。 • 教師提出有「正確答案」的問題，學生們有學習的機會。 • 能促使學生回憶或記住，且／或顯示理解。 • 問題與課程標準和學習目標一致。* • 教師通常提出很多問題。	• 問題是「真實的」或真實問題。 • 問題是開放式的，非收斂式。 • 問題能激發高層次的認知水平（應用、分析、評估、創造）。 • 問題能觸發學生個人情感。 • 教師提出了一個問題做討論；其他問題來自於學生和教師。

＊這適用於複誦和討論。

能促進深刻討論的提問法

　　一個深刻又有成效的課堂討論，正像一張色彩繽紛、緊實的編織掛毯，它的萬縷織線，是以設定好的方式交織在一起，最後呈現出一眼就能辨識的圖像。就像一張精美的掛毯，一個有成效的討論，不會自然而然產生；它得力於規劃和精熟的工藝技術。在課堂討論中，正是教師和學生高品質的提問技巧，造就成果。

　　最終，有效的討論取決於參與者的知識技能，參與者正是課堂裡的學生們。但大多數學生，並沒帶著所需的提問和討論技巧來上學。因此，教師必須針對這些提問法的使用，事先規劃並進行示範，以促成有效的課堂討論。

　　整本書都可以寫成關於高品質提問的藝術科學。事實上，我們自己寫了一些！在這些書中，我們將高品質的提問，定義成一個過程，這包括將提問問題，納入課程計畫的一部分；以一種吸引學生目光的方式，呈現問題；透過提示法和探究法，引發學生回應；透過回饋和反思，針對學生回應進行處理（Walsh & Sattes, 2005, 2011）。

　　然而，在本書中，我們關注的是，當教師希望讓學生參與有意義的討論，可以從以下四方面，獲得高品質提問的相關做法：

- 建構焦點問題，以啓動和維持學生思考與互動。
- 促使參與的每個人，公平地參與討論。
- 支持學生回應，維持和加深思考與理解。
- 創造一種深思熟慮和尊重話語的文化。

這些實踐中的每一種，都能以不同形式的討論，應用於不同目的（例如：教師主導型、結構化小組型、學生主導型）。正像織布機上的橫梁，它們形成了一個學生可以加以編織的結構，一個想法的掛毯——換句話說，是一次深思熟慮的討論過程。當教師一貫特意將這些梁，置放到討論位置時，教師爲學生示範了如何建構一個討論的模型。

提問練習 #1：建構高品質焦點問題

高品質的提問，是創造和交流想法的催化劑，這能促成高產能討論。這些問題通常不會平白產生。相反的，它們是教師針對教學內容，聚焦思考得出的產物。很重要的一步是，找出課程標準和相關內容的核心概念，找出能激發好奇心、爭議性，或創造力的議題。

找出議題所在。 需要三步驟，建構一個足以驅動高產能討論的焦點問題。第一步是確定議題，這將成爲焦點問題的核心。在尋找可行的議題時，教師可以測試一個問題，對學生思考的影響程度：(1) 在處理議題時，學生需具備的知識深度和廣度；(2) 跟議題的相關性，重要性或內在興趣。關於英語語言藝術課堂上的討論，McCann（2014）觀察到，「要能進入探究階段，重點是要能激起學習者對關心主題和議題，產生好奇。」McCann 指出青少年特別會「積極應對」的主題——平等、正義、責任、自由、同情和忠誠：莎士比亞與其他成千上萬作家，世世代代所處理的議題（p. 25）。問題所根植的議題框架，必須能讓參與討論的學生，抱持「共同的疑點」（Haroutunian-Gordon, 2014）。承上所述，問題中的核心議題，必須具有足夠的相關性和挑戰性，才能引導學生身心投入。

> **如何建構高品質的焦點問題**
>
> • 確定問題。
> • 製作問題。
> • 預測學生的回答。

　　提出問題。制定高品質焦點問題的第二步，是制定問題，這需要在措辭和語法上，加以斟酌。好的焦點問題，需具備許多共同重要特徵：

• 學術詞彙適合學生的年齡和年級水平。
• 有意識地選擇強有力的動詞，激發學生在一定的強度上進行思維。
• 簡單明瞭的句子結構。
• 有意義的默默地呈現（教師可能需要在提出問題前，針對焦點或背景進行陳述）。

以下案例描述了團隊如何應用這些原則，在他們的協同工作中，建構問題。

修訂問題的案例

一個八年級社會科學研究小組成員，合作起草了以下問題，應用於一個單元總結，討論關於古雅典：根據你對雅典民主的瞭解，在當地政府實施直接民主，就是提高生活品質？這個問題著重在內容與學生社區之相關性。這是個很好的開始。當然，大多數讀者會立即注意到，這是一個Yes/No的問題，然後再追加後續問題「為什麼？」或「提供回應的理由」。

然而，再看第二眼，團隊成員開始質疑他們設計的問題，是否能在情感上或認知上，吸引學生。他們認為，即便原先的問題有要求學生，將古代歷史與二十一世紀聯繫起來，但還是不太可能與

學生自身產生聯繫，學生也不太可能在提議的討論問題中，投入情緒能量。此外，他們確定，這個問題的認知需求，相對較弱；問題缺乏學術詞彙，包括強烈的思維動詞。團隊經過相當的反思，修改了問題。他們決定提前幾天提出這個問題，讓討論學生有時間進行研究和思考。他們還告訴學生，他們會在結束討論時，進行投票，以確定在一起探討這個問題之後，大多數學生的想法為何。這是他們的修訂：

想像一下，我們的州議會為我們當地的市政當局，提供了機會，進行古雅典式的直接民主運作。

- 推測這種政治結構，對你和你的家人生活品質，整個社區的相對利弊。
- 你如何修改系統，使其更加公正，請提出建議。
- 透過因果推理支持你的想法，佐以具體示例、歷史證據和其他相關訊息。

團隊成員認為他們修改後的問題，具有更大的潛力，讓學生參與充滿活力和高產能的討論。教師們希望學生們能夠更深入思考這個問題，因為它規定學生持續將個人和社區影響納入考量。此外，教師認為，若能有時間提前蒐集資訊，進行批判性思考，將促使學生蒐集能支持他們觀點的證據。也許，最重要的是，團隊感受到了，他們修改過的問題，代表了一項要求更高的認知任務，要求學生應用證據推測，去支持他們的推測和推理。事實上，他們的結論是，這個問題將為學生提供一種「民主」社會中，實踐良好公民身分的思維方式。

預測學生的反應，是建構高品質提問的第三步，是為了預測學生思考和互動，可能所需的替代途徑。在這一步中，教師要問自己，「我的學生怎

麼樣回答這個問題？」教師集體討論並記錄學生可能的回應，考慮邏輯和可辯護的推理線索和錯誤的思考。這個動作有兩個目的：首先，檢查設計的問題，是否能引發多元廣泛的觀點。這種特質是一個充分而熱烈討論的先決條件。學生們在保持開放的同時，挑戰彼此的立場，重新思考自己。如果一個問題無法激發多個視角觀點，那麼它不太可能引導出深思熟慮的討論。教師會想重新考慮，問題是它是否沒有涉及不同的觀點。

　　預測可能的學生反應之第二個目的，是規劃有效的教師行為，要麼是為了維持學生的思維，要麼是在錯誤的推理，引導學生重新思考或修改他們的立場。最終目標是培養學生相互挑戰，延續話題方面的技能，甚至能相互糾正，但教師需要準備好去支持這些過程，特別是當他們的學生相對缺乏經驗，或對討論不熟練。

　　預測學生對問題的可能回答，是建議的第一種做法在「促進數學討論的五個實踐框架」中（Smith & Stein, 2011）。在該框架內，「預期學生對具有挑戰性的數學任務的可能回應」，要求教師產生多重方式，無論對錯，學生可以透過這些方式，應對挑戰數學問題（p. 8）。Smith 與 Stein 說，這應該作為完成規劃過程的一部分。他們還建議，當教師創建可能的後續行動，對於每個預期學生回答的問題，在快節奏的課堂對話中，他們能夠更好地提供有效的架構和其他後續協助。這種準備，使教師能夠幫助學生糾正他們的誤解，並擴展他們的思想。當教師合作生成這種準備，他們能瞭解到學生可能的反應，並一起思考其他後續行動。當準備建立在彼此的經驗之上，這個過程會更成功。

　　僅在「當下」才生出問題，這對於教師來說，是非常具有挑戰性的。教室充滿了需要不同類型和不同級別協助的學習者。當教師感到不堪重負時，學生的挫折感會累積。這樣，教師很容易告訴學生：當沒有替代行動方案浮現在腦海時，學生該如何做。（Smith & Stein, 2011, p. 36）

五種實踐框架也已應用於科學（Cartier et al., 2013）。預測學生可能如何回應任務或問題，尤爲重要，因爲許多學生進入科學課堂，是帶著根深蒂固的迷思觀念。

讓我們回到「修訂問題的案例」並預測是否最後一個問題，將引起足夠多樣化的回應，以便引導出一個有力的討論。修改後的問題，要求學生首先瞭解雅典民主的局限。擁有這種理解的學生，可能會採取與核心問題相關的衝突立場。有些人可能會關注其缺點，指出這種文化是建立在奴隸制度上。他們也可能會考量，大量公民參與所需的時間，以此造成的低效率。其他學生可能專注於利益，並提出結構性變化，來解決他們認爲的劣勢。那些缺乏基礎知識的人，將有機會糾正他們的誤解，因爲問題需要他們連接到知識點。預測討論可能的方向，這些教師能夠根據認定出的學生立場，提出替代方案。

提問練習 #2：促進公平參與

成功的討論，是讓所有學生參與思考和學習的過程，並交換意見。最大的挑戰，是當教師的準備，以促成學生參與，並確保討論進行。爲了應對這一挑戰，教師需要採取應對策略，因應一些難題。例如：我們如何防止有發表欲的學生，在沒有打斷他們的情況下，壟斷發言？怎麼做，才能鼓勵羞怯和沉默寡言的學生，而不尷尬？如何能在不干擾討論節奏的情況下，處理這些問題？沒有簡單的答案。但是，我們建議教師嘗試兩個戰略：(1) 制定促進公平參與的規範和準則；(2) 使用支持所有人參與的結構。

因爲討論與普通課堂有很大的不同。明確表達對學生參與的期望，是很重要的。溝通最重要的是，每個學生都應該貢獻些什麼。精心制定的參與規範，建立一種文化，讓學生爲自己和他人一起承擔責任，參與課堂討論。我們稍後會在關於「討論支持提問課堂文化」的章節，提供樣本規範。目標是要讓學生「擁有」能促成深刻討論之參與規範，監督並管理無須依賴教師的公平參與。但是，因爲這個與傳統的課堂行爲背道而馳，教師必須透過積極的方式，賦予其重要性，跟學生一起發展此規範。一旦完成，教師要將此規

範在學生面前，在每次課堂討論之前，進行回顧。

　　一種特別讓師生感覺違反直覺的規範，是「不舉手文化」。在大多數學校，學生從早期學習年齡，便以舉手獲得發言權。而且，在大多數學校，教師依賴志願者──舉手的志願者──回答他們的問題。這種做法導致多數學生可選擇自外於課堂討論。我們相信允許學生能決定是否參與課堂討論，會增加學生間的成就差距。像 Dylan Wiliam 一樣（2011），我們主張教師決定誰將回答問題。在複誦教學中，使用隨機方法選擇回答者，並透過替代應對策略（例如：訊號、配對、協作、小組工作），或給學生對應的問題，讓所有學生參與進來。然而，在討論過程中，不舉手的策略，主要是要保持課堂的流暢，鼓勵學生在他們有所感時多發言。它也能讓教師決定「誰說」、「何時說」的威權退場。「不舉手政策」大開方便之門，讓討論期間，一些好發言的學生壟斷談話，而靜默寡言，不那麼有自信的學生談話時間較短（或沒有）。出於這個原因，我們建議教師使用結構和規範來促進公平參與。

　　支持所有人參與的結構，可以幫助規範預期行為，並幫助學生對他們的行為負責。自己和同學的參與。在我們與教師的共事中，我們接觸到許多有助於建立這類學生責任的教學策略。以下是一些最常用的能促成學生公平參與的結構。

　　學生追蹤器（student trackers）。指定一些學生「追蹤」誰有／誰沒說過話，用引導提示語，鼓勵那些沒有說過話的同學，諸如「你對此有何想法？」

　　魚缸（fishbowl）**討論法**。使用魚缸討論法協議，其中有限數量的學生（五到七個）坐在一個內圈，而其他學生坐在同心的外圈。魚缸討論法裡的每個學生都會參與討論，對靜默寡言的學生，要轉向他們並詢問他們的想法。外圈的人需積極傾聽並做筆記。要清楚交代，外圈需要在某個時刻進入魚缸討論法內，以延續內圈談話。教師也可以要求外圈的人，針對每個人談話進行追蹤，並在提示時，提供形成性反饋。在魚缸討論法談話結束時，教師可能會問外圈的學生，以循環方式分享魚缸討論法談話，一個與他們相關

的想法。一些教師會要求另一個小組移動到內圈，繼續討論或回覆另一個相關提示。蘇格拉底研討會（在第 5 章中討論），經常使用這種格式。

簡答循環賽（short-answer round-robin）。要求每個學生以一兩個字，回應問題。例如：可能會要求每個學生選擇一個最能描述他或她對某個人的個人反應的形容詞話題。以循環方式，每個學生都提供回應，並且有權同意一個同學。這種策略可以平衡競爭環境。

小組協議。使用小組協議有助於發展學生對個人參與負責，也可以幫助學生，對「鼓勵他人貢獻想法的需要」變得敏銳。（見第 4 章）

參與限制。為學生提供有限的數量。在討論中的「代價」為代幣。每次學生說話時，他或她就需用掉一個代幣。當代幣用罄，學生不再符合條件，不能再為討論做出口頭貢獻。然而，這是我們最不喜歡的策略，部分原因是它干擾了討論的自然流動。教師可以考慮在制定公平規範的早期階段使用它，來提高學生的學習成績意識，明智地使用它，特別是對於年齡較大的學生。

當教師使用這種結構時，他們需要明確地讓學生知道，為何這樣做的原因。讓學生反思自己和他們的參與。讓學生思考，為什麼聆聽他人是有價值的。明確闡述對大家的期望，班級成員應負擔起支持彼此參與的責任。當公平參與變得規範化，你可以減少這些輔助，鼓勵學生反思他們的個人參與程度，讓小組足以鼓勵和支持每個人的聲音被聽到。

提問練習 #3：支持學生回應以進一步思考

之前，我們提出了用以討論的問題鷹架，其重要之一步，是去預測學生可能產生的回覆或評論。這種以評論或問題形式的教師做法，有助於支持學生思考，也可能扼殺學生思考。這取決於教師的目的、時機點和用語。

經過多年的課堂研究，Dillon（1988）得到的結論是，教師在學生討論期間的介入，往往阻礙學生的思考和對話。他發現，正向反饋或者讚美，尤其會有這種傾向。原因在於，當教師對一個學生的想法作出認同，發言者和其他同學都得出一個結論，教師已經得到了他期望的答案，所以沒有必要進一步思考。

　　我們認為，教師建構的鷹架，因討論的類型和頻率而各不相同。在「教師主導型討論」中（見第 3 章），教師已準備提供大量的鷹架來幫助學生培養有紀律的討論，所需之社交和認知技能。當學生第一次學習時，「教師主導型討論」是最合適的——當學生對規範和有效討論才剛接觸，或者討論結論被明確定義。教師帶著全面性的後續問題和計畫結構，以既定標準進行討論。同樣的，在結構化的小組討論中（見第 4 章），教師選擇特定協議，以支持同學間彼此的思考和參與。這兩種形式討論的範例，都包含在後面的章節中。

提問練習 #4：創造一種深思的討論文化

　　高效能的討論是一種合作努力，無法扎根於競爭激烈的教室裡，因為學生認為他們正在與一個人競爭，爭取教師的青睞和高分。深思熟慮的討論，在無法以教師為中心的教室中茁壯成長，因為那裡以正確答案為依歸。相反的，它在一個培養好奇心，探究和發現的課堂中，才得以蓬勃發展。（在第 2 章中，你將瞭解有關教師信念和學生的態度傾向，對這種討論文化之形塑。）

　　雖然不同形式的討論，需要不同的指導方針或基本規則，但許多期望或規範，適用於大多數的討論。前三類規範支持高品質提問：與問題目的相關的規範，與思考時間相關的規範，以及與參與相關的規範（Walsh & Sattes, 2011）。這三類規範，也支持提問以供討論。雖然教師經常讓學生參與創建自己的班級規範，以下範例內容可以激發讀者對可能性的思考。

> **討論提問中的三類規範**
>
> • 問題的目的
> • 思考時間
> • 參與

涉及問題目的之規範。討論流暢進行時，教師和學生明白，一個精心製作的問題，確立了高效能討論的界線。這種理解隱含著三個明確的共識：

- **使用焦點問題來激發和打開對問題或概念的思考。**學生必須相信，他們的教師沒有先入為主的「最佳答案」，或預設的立場。教師注意不要強加他們的想法或觀點在學生身上。

- **使用焦點問題來幫助你瞭解你所知道的內容，並思考問題中嵌入的問題或概念。**一個開放式問題並不意味著任何事情都會發生。負責任的討論者提供支持他們立場的邏輯和證據，應用自身的知識和與問題相關的經驗。那些參與討論的人，包括學生和教師，互相支持且擔負起負責任的討論。對回應的評判標準，教師需事先思考。

- **當你感到好奇、困惑，或當你需要澄清時。**學生理解討論，是想知道；問問題；並深入挖掘問題、概念和不同的觀點。教師鼓勵學生，當他們與內容和彼此互動時，他們會提出自己的問題。

　　與思考時間有關的規範。對靜默的尊重，對深刻而有成效的討論至關重要。當他們澄清自己的思想，並尋求理解他人的思想時，學生會認識到靜默的好處。討論中的靜默，建立在我們對等待時間 1（Unit Time 1）和等待時間 2（Unit Time 2）之價值的瞭解之上。由 Mary Budd Rowe（1986）確定，這兩段等待時間，在所有提問環境中支持學生思考。等待時間 1 是在提出問題之後，在任何人回應之前暫停。等待時間 2 是在有人說話之後，在另一位發言者作出反應之前暫停。根據 Rowe，每次暫停的最佳時間是 3-5 秒鐘。而在這兩個關鍵點暫停是適當的，3-5 秒鐘的長度可能並不總是足夠。我們相信 3-5 秒鐘，對於暫停的長度，應被視為底線，而不是上限。

　　學生瞭解暫停或靜默的目的，對思考至關重要：出於這個原因，我們寧願將這兩個停頓稱為「思考時間」，而非等待時間。以下三個規範為學生提供了明確的規定，並瞭解如何使用這些暫停。

- **使用「思考時間」來反思。** 當有人向你提問時，或者對你所說的話做出評論，花點時間思考一下問題或評論，並考慮你對它的回應。
- **給別人時間反思。** 為正在思考的人提供時間，關於他們對問題或評論的回答。
- **像看待黃金一樣對待靜默。** 在討論過程中使用靜默進行處理其他人所說的，重新思考自己的立場，或鞏固思維。

　　為了讓思考時間成為課堂文化的一部分，學生需要學習對靜默感到舒服，甚至歡迎靜默。他們身處在一種視靜默為尷尬和不舒服的文化。透過討論，學生可以瞭解到靜默是一種寶貴的資源，一種共處的方式，因為人們尊重在空間內可能由靜默創造的思想。

　　參與規範。 有效的課堂討論的標誌是，隨著時間的推移，聽到所有聲音的程度，可以到什麼程度。所有學生都舒服的談話？學生以什麼方式鼓勵他們同儕，特別是那些安靜或靜默寡言的人參加？吸引所有學生，是致力於創造有效討論之教師，所面臨的最大挑戰之一。在後面的章節中，我們建議教師可以在不同形式的討論中支持公平參與。以下規範適用於所有情境：

- **請發言，當你想要講時，不用舉手。** 舉手是一個很難打破的學生習慣；但是，學生們需要學習如何在課堂對話中進行互動，就像在課堂之外交談一樣。舉手打斷了集體思考的流暢性。
- **同學彼此交談，而不是與教師交談。** 學生有條件期待教師的肯定；但是，討論目的是為了讓學生建立彼此的想法。移動學生桌椅至有利於互動的位置，讓他們得以直視彼此。
- **分享你的想法，以便其他人可以向你學習。** 這個規範是鼓勵害羞或靜默寡言的學生，向他們傳達這一點。他們的思想很重要，對其他學生也很有價值。
- **監控你的談話，以免壟斷對話。** 這是為了提醒健談的學生，他們應該允許其他人參加的機會。

- **傾聽別人的意見，提出要理解的問題**。這種規範鞏固了一種發散思維的課堂文化茁壯成長，學生培養對不同觀點的尊重。它還強調了有效的問題討論的重要性。
- **鼓勵其他人發言，特別是那些不發言的人**。在充滿活力的討論中，透過邀請沒有發言的同學，共同承擔參與責任。

學生不會自動理解這些規範的原因，他們也不會輕而易舉地採用它們。其中一些與學校規範背道而馳，而學生們也日久承襲。年輕人必須有機會瞭解規範背後的原因，並有意識地參與其中的實踐，然後反思和反饋。

上面提出的規範既不詳盡，也不一定適合你的學生。讓學生參與其中具有真正的價值，為自己的課堂對話制定規範。重要的是，我們作為教師，需要明確進行規範。

教師不可能一揮魔杖，支持討論的課堂文化就會自然產生。然而，他們可以在為學生建模時引領潮流，對期望的信念和行為，進行示範；就討論的重要部分，予以討論，如尊重他人和他們的想法。願意冒險，從錯誤中學習，尊重思考的靜默，容忍歧義，學生提問的內在價值，支持高效能的討論。教師知道他們不能單獨創造理想的文化；他們需要讓學生成為課堂的共同創造者。給予學生發言權、所有權和責任感，他們的學習對於理想文化的出現至關重要，而且這正是有意義討論的本質。

思想討論的僕役

許多教師認為高品質的提問，意味著提出多元問題和提供反饋。他們主要的提問，是控制課堂談話，以及學生的參與。但是，採用這種提問方法並不適合討論。

熟練的教師提問，在啟動支持真正的討論時，維持對話，以培養和發展學生思考和彼此的互動。思想討論需要規劃，但它也需要即興創作，因為教師必須在課程中判別，介入是否會支持或阻礙其流暢性。最重要的是，它要

求身為教師的我們重新思考我們的傳統角色，並將某些責任轉移給他們所屬的學生。

掌握高品質的提問並使用它來吸引學生進行真正的討論，看起來似乎是一個值得但又令人生畏的挑戰。它是。好消息是，它可以學習。你已經開始了！

反思和連接

對於引發討論之提問，要求教師承擔與傳統課堂提問不同的角色。在討論中，教師通常

- 建構一個問題以集中討論，然後僅在學生困惑時再提問。
- 避免針對每一個學生之發言進行回應，讓學生有互相交流的空間。
- 保留積極和建設性的反饋，允許學生批評彼此的思想和想法。

這些做法邀請教師放棄控制權，並允許學生按照他們選擇的方向思考。

在討論中採取上述情境，你有多舒服？

這與你平常的做法，有多大的變化？

高產能討論之 DNA
社會、認知、使用知識的技能
與伴隨之態度傾向

> 我們怎樣才能將肆無忌憚的談話，變成有紀律的討論？

　　討論時學生會把一些形容詞用在正式的學術討論這般形式的言談，並與大多數課堂互動時較隨意、不太複雜的對話區分開來。這裡談的是真正的、道地的討論，其中所用到的語彙通常是用來區隔以批判性思維探討開放式問題之小組討論，以及側重於簡單訊息傳輸與分享的課堂對話這兩者（McCann, 2014; Nystrand, 1997）。其他學者主張進行民主討論，藉以引出對學生多元想法的尊重，而這些學生並不會去追尋符合權威——在這裡指的是教師——的觀點（Bridges, 1979; Brookfield & Preskill, 2005; Hess, 2011）。這些討論時所用到的修飾語在在顯示，「討論」被廣泛接受為一種個體之間的互動，人們可以自在地表達自己觀點，並且願意聽取同儕觀點。

　　我們透過此書，精心挑選一些形容詞語彙以潤飾「討論」的意義——好為我們對這類學生言談的概念作出定義。有時我們所提到有紀律的討論，是指遵循某些指導方針或程序的言談。深思熟慮的討論指的是透過謹慎的、有意的思考所產生的言談。在前一章中，我們提到了有意義的討論，其意指與學生參與者有關的討論，可以幫助他們思考那些原生材料，理解其內容意涵，即那些他們要思考的內容。我們還會進行協作言談，此言談可視為一個過程，學生在此過程一起思考，以促進對某個主題的共同理解。在其他關鍵時刻，我們還會舉行有目的的討論，其目的在於傳達參與討論者理解、重視特定對話的原因之重要性。關於本章的標題，我們選擇了強調高產能的討論——一個「走到某處」的對話，並產出一個值得把時間專注於言談的結

果。透過使用這些形容詞語彙，我們傳達關於課室討論的觀點如下：

> 討論是一個過程，透過此過程，個別學生在與他人互動時，能夠
> 以有紀律的方式表達他們的想法，從而產生意義並促進個人和集
> 體對於所討論問題的理解。

　　如果學生要參加這種類型的言談，那麼教師必須培養、發展學生的思維及行為，並與討論相關的四大關鍵能力相連結：社交技能、認知技能、知識的使用與態度傾向。本章提出一個架構，讓教師可以用來思考對於特定學生群體，如何讓每一關鍵能力形塑他們的實踐和期望。此架構的組成項目來自相關文獻與國家標準，也反映了「候選人才庫」──羅列出不同能力，定義了教師對於學生在參與、發展自己討論能力之期望。

　　之所以如此是因為我們假設大多數學生沒能進到我們的教室，這些教室配備了我們架構中所嵌入的技能和態度傾向。因此，教師必須在討論過程中刻意指導。如果學生要學習這些技能，他們必須在討論的練習領域進行。換句話說，學生透過討論學習如何討論。教師規劃這樣的練習，能夠系統地支持學生技能的發展。

　　由每個教師自行決定是否認為嚴謹、要求嚴格的課堂討論教學，是一項值得花時間和精力的。在閱讀有關紀律討論所需的學生技能和態度傾向之前，請暫停並花幾分鐘時間，思考一下你自己對於討論價值的相關信念，然後再閱讀以下關於教師信念的段落，瞭解我們教師的態度傾向是如何影響學生參與討論。

🧠 教師信念對討論至關重要

　　將討論納入教學計畫的教師認為，討論進一步促進了學術和社會／公民身分的目的。然而，將這些信念轉化為行動存在著許多障礙。其中一項限制因素源於缺乏個人經驗，因此缺乏了這種教學技術的模型。我們之中很少有

人有機會作為學生參加課堂討論

- 教師提出問題以促進、提升學生思考與互動，而不是獲得預定的答案。
- 學生的聲音主導了言談，積極傾聽和尊重他人的貢獻，讓新觀點得以協作創造。
- 學生之間的言談節奏和動力，激發了能量和刺激，產生了新思維和產生這些思維的過程。
- 當時間停滯不前時，討論參與者會感受到 Mihaly Csikszentmihalyi 在他 1990 年的經典名著《心流：高手都在研究的最優體驗心理學》（*Flow: The Psychology of Optimal Experience*）所描述的狀況。

　　如果沒有這樣的經驗，我們可能無法深刻反思此類型的課堂互動對學習者的價值，或是使其發生的核心信念。許多這些信念與支撐傳統課室言談的信念背道而馳，這些信念也與教師的兩個核心問題相關：控制和時間。

關於控制的教師信念

　　真正的討論需要教師放棄對發言者，以及對冒出的觀點之本質和順序的某種控制。這種行為隱含著這樣的風險：我們可能無法解決或「掩蓋」我們所想像的確切內容，或者那些不是我們自己的而是其他冒出來的觀點或解釋，這也包括一些基於錯誤訊息的內容。當後者發生時，我們面臨的挑戰是找出導致學生理解不正確的證據或推理。這需要技巧、耐心、手腕和時間。許多教師對這種偏離傳統教師的角色感到不舒服，在傳統教師角色中，教師控制著由誰發言、在學生之前或是之後發言、針對問題發言，並透過評估每個學生提出的答覆之價值或正確性，來回應每個學生的答案。

教師對時間的信念

　　其他常常讓我們進行上課討論窒礙難行的教師信念，則是與時間有關。例如：教師會認為告訴學生他們需要知道的會更有效。根據這推理，討論不僅費時而且無法顧及上課內容，而且教師還需費時規劃適合的鷹架供討論用。符合學習者步調的引導和測驗產生的壓力，不禁使人懷疑什麼樣的迂迴方式，才是讓學生能夠更深入、更高層次的理解。

反思關於討論的教師信念

　　如果教師要接受這些對於討論的質疑，我們需要面對時間和控制二大議題。對於我們這些沒有過高產能的討論經驗的人來說，利用這兩種方式加強學生的思考和學習是非常困難的，且對我們大多數人來說都是如此。對於多數學生而言，在參與課堂對話的情境中，教師是所有言談的中心點，學生實際上並沒有彼此互動。或者我們可能參與了無聚焦的課堂討論，這些討論只是分享意見（或者，在某些情況下，無意義的交談），而不是透過深思熟慮的想法交流來尋求更深層的意義。這些經歷可能會讓人相信討論是在浪費課堂時間。

　　我們都將自己的信念建立在個人經歷中所得出的推論上。根據思想領袖 Chris Argyris（1990）的說法，這是理性和正常的行為。Argyris 開發了一種有用的工具來反思信念——「推理階梯」（Ladder of Inferences）。在 Argyris 看來，人的信念來自所持有的假設中得出的結論或推論。當人們將意義附加到個人經歷中產生的訊息或數據時，就會形成這些假設。以課室討論的信念為例，我們可以結論認為討論不值得投入時間，因為我們對此的經驗並不積極。我們概括了我們的經驗，並假設大多數討論都是浪費時間。隨著時間推移，我們可能已蒐集更多數據來證實此觀點，而這最終成為一種深刻的信念（這個理論如圖 2.1 所示）。Argyris 認為這種做法的問題在於，一旦形成信念，我們傾向尋找強化數據，而不是對不同的新體驗，甚至相互矛盾的數據持開放態度。這是一些人稱之為自我實現的預言之源泉：我們看到了我們正在尋找的東西，以及我們目前所相信的東西。

關於教師對討論的信念，這種對確認現存信念的訊息偏好可以轉化為對真正討論之負面傾向。例如：如果某人認為表達和朗誦是學生學習的最有效方式，那麼此人不會將討論作為一種有價值的教學模式。Argyris 建議我們可以使用階梯作為工具來反思當前信念的來源，並特意對新情境抱持開放態度。如果你的同事似乎不願意嘗試這種形式的教學，你可能會想要用這種推理來揭示他們的想法。或許你可以使用本書後面提供的一些示例，來挑戰他們的假設。

7. 我根據自己的信念採取行動。
6. 我採納了信念。
5. 我得出結論。
4. 我做出了假設。
3. 我從個人經歷添加了意義。
2. 我選擇要關注的「數據」。
1. 我有經驗並提出觀察，讓我有數據瞭解世界。

圖 2.1 推理階梯

資料來源：內容改編來自《克服組織防衛》（*Overcoming Organizational Defenses*），由 C. Argyris 所撰，1990 年，波士頓：Allyn & Bacon。

「推理階梯」對於教師審視自己的信念很有用。它也可以幫助學生思考他們如何，以及為什麼來到某個位置。

反思和連接

我們許多人都不願將真正的討論融入在要規劃的學習單元裡，因為我們對學生在言談中引入重要內容的能力沒有信心，或者說我們擔心學生不會在適當的方向上發展要討論的內容。其他人則擔心真正討論所要花費的時間。
你在多大程度上關注這些問題？試著使用「推理階梯」來確定你關注的來源。你需要在課堂上進行實驗並對可能會破壞現有信念的數據，或為新信念做出貢獻的數據皆抱持開放的態度嗎？

🧠高產能討論所需之能力

再次考慮我們對於討論提出的概念，把它視為一個過程，透過此一過程，個別學生在與他人互動時能以有紀律的方式表達他們的思想，從而產生意義並促進對所討論問題的個人和集體理解。在這種觀點裡所持的假設是，學生具有「以紀律的方式表達自己思想」的能力，這涉及社交（口語和聽力）技能和認知（思考）技能。進一步嵌入此觀點的概念，在於此過程的核心要求是知識的延伸或深化。

可以肯定地說，高產能討論所需要的技能並不是學生在走進教室之前一定得具備的。這意味著教師需要確定學生目前擁有的技能，並幫助他們發展確認過的、尚待發展的技能。為了幫助教師使這項任務易於執行，我們用顯微鏡分析了具成效的討論之本質，可以說，我們發現了它的 DNA——建立和維持高產能的討論所必需之技能與態度傾向。我們確定了三個技能領域（社交技能、認知技能和使用知識技能），以及與這些技能交織在一起的一系列與技能領域相關的態度傾向。圖 2.2 中顯示的是我們分析的「基因組圖譜」的結果。它強調了與討論有關的各種重要技能、行為，以及相關的態度傾向。本章接下來將逐一介紹這架構裡的每一部分。附錄 A 羅列出三套技能的完整清單。

社交技能

正如 Dillon（1994）、Bridges（1979）和其他學者所述，討論的本質屬於社交維度；這是一群專注於一個問題來錨定對話的人所追求的過程。Dillon 認為，討論的核心牽涉三個基本行為的意圖性：談話、傾聽與回應。三套主要技能組可以與社交維度相關聯：談話、聆聽和協作。

談話。 談話是討論的先決條件。這裡使用的「談話」（speaking）是一種比「說話」（talking）更正式和有意圖的溝通形式。

圖 2.2 與技能討論相關的能力

談話意味著留意溝通的形式和本質。某些演說技能是進行高產能討論之先決條件。以下基本技能與發言者闡述和指導評論的方式有關。

- 說得清楚大聲,每個人都可以聽到。
- 在討論中適宜的時機點切入表達,而不舉手示意發言。
- 與同學和教師交談。
- 用完整句子說。
- 有助於討論,以便每個人都可以向他／她學習。

雖然這些技能看起來相對簡單,但它們與教室中經常出現的情況卻不相同。作為教師,我們必須明確表達我們對這些行為的期望,並為學生提供機會反饋他們對於討論的實踐。學生可以從入學的第一年開始學習這些技能。

其他談話技能更依賴於學生對所討論內容的瞭解,以及他們思考這些內容的能力。

- 清楚地表達自己的想法。
- 詳細地說，以便其他人可以看清楚其思考內容。
- 以其他方式闡述呈現文本或訊息。

第二組中包含的技能稍爲複雜。他們是基於標準的學術技能。大多數學生沒有熟練掌握這些技能。教師需要建立模組、提供示例，並提供反饋實踐的機會。討論是練習這些技能的理想論壇。隨著學生練習、提高技能，培養了成爲更好的討論者所需的信心。反過來，課堂討論的質量也會提升。

聆聽。聆聽是在「共同核心國家標準」（CCSS）中「談話」的夥伴，如果要進行討論，它是發言的重要夥伴。即使談話可以與說話區別開來，也可以將聆聽與聽力區分開來。就像談話一樣，聆聽需要有意識地刻意思考。一般情況下，當學生似乎在關注時，他們有聽到，但可能不是眞正的聆聽。聆聽本身很難觀察到。特別是在討論中，聆聽的核心技能，是我們的學生積極傾聽並理解同學說話背後的內容，要去揭示發言者的意思。以下行爲提供了學生正在積極聆聽的線索。這些都是教師可以爲學生建模的技能；每一項技能都是教師可以觀察到的技能：

- 在同學停止說話後，靜默思考說話者所說的內容，並將說話者的想法與自己的想法進行比較。
- 提出問題以更好理解發言者的觀點。
- 在添加自己的想法之前等待，以確保發言者完成其想法。
- 準確解釋另一位學生說的話。
- 看著說話的學生，並給出一個正在留意的非語言暗示。

協作。比起桌球賽或網球賽，眞正的討論更像場足球賽。當學生尋求擴展他們個人和整體理解時，他們會建立彼此的想法。當賽事涵蓋所有討論者時，討論就會發生，而不僅僅只是少數幾個參與其中的人在比賽場地來回穿梭踢球，而把大多數同學冷落在一旁。成功的討論是學生眞正參與、一起探

究、分享審議、相互體諒。因此，除了個人的口說和聽力外，討論還要求學生培養、使用協作技能。與言談和聆聽技能一樣，一些協作技能相對簡單且可觀察，即使不是習慣性的行為，這些技能卻也適用於學生。這些技能對於展開高產能的討論同樣重要。

- 「補述說明」（Piggybacks）、詳細闡述同學的評論。
- 積極邀請未參與討論的同學一起討論。
- 以非破壞性的方式回答同學的問題。

> 真正的討論，比起桌球賽或網球賽，更像場足球賽。

其他協作技能更為複雜，更難以觀察，而且似乎與態度傾向更密切相關。學生需要這些與公民討論至關重要的技能，才能有效參與民主社會。

- 對不同於自己的想法保持開放態度。
- 積極尋求與具有不同背景和觀點的個人，進行理解和溝通。
- 以公民的態度、尊重的方式，表達不同意見。

教師如何幫助學生培養這些和討論至關重要的技能？同樣地，教師示範的影響力很大。教師可以有意識地常常連結這些技能所使用的語彙，鼓勵學生發展這些技能——並讓學生注意「討論者」的行為。教師可以使用一致的詞幹或引導詞，如圖 2.3 中所示，並透過要點提示或在講義上展示它們而與學生分享。此外，教師可以問學生會使用什麼語言，例如：在不同意某人的想法時，同時也傳達對個人的尊重。

認知能力

學生當然必須思考才能說話，聆聽並有意圖地進行協作。然而，討論要求學生更深入思考，因為他們以認知複雜的方式參與、討論與問題相關的

圖 2.3 支持學生發展討論的協作技巧

技能	詞幹
對同學的想法進行闡述	• 我想補充前面學生〔該生姓名〕所說的話。 • 我想以〔學生姓名〕所說的內容為基礎。 • 〔學生姓名〕讓我想起了…… • 〔學生姓名〕強化了我的信念…… • 我很欣賞〔學生姓名〕所說的內容，並希望加入其中。
積極邀請沒有參與討論的同學一起討論	• 我想知道你在想什麼，〔同學姓名〕。 • 我一直在說話，我很好奇別人在想什麼。
非同步回應同學的問題與反駁	• 你提出了非常好的問題。這就是我的想法。 • 讓我澄清一下我的想法。你可能不同意我的意見，但我希望你理解我的觀點。
對不同於自己的想法保持開放態度	• 我沒想過這樣，但我想知道…… • 這不是我的想法，但我想更瞭解你是如何得到這樣的解讀？ • 我一直在想這個問題，但是想要暫停判斷並聽取其他人的想法。
積極尋求理解不同的觀點	• 你能告訴我更多你的觀點嗎？ • 這是我的另一種思維方式。你能幫我理解是什麼讓你這麼說的嗎？ • 我對〔學生姓名〕所說的內容有疑問：〔提問〕。
以尊重的方式表達不同意	• 我尊重〔學生姓名〕的意思，但我想提供一個不同的視角。 • 我對此的看法不同，並希望將我的想法融入其中。 • 也許我們必須同意不同意，但我想知道我們是否對這個詞的定義或涵義有相同的理解。 • 我聽到〔學生姓名〕在說什麼。我想提供不同的解釋。 • 我聽過幾個不同的觀點，我想再添一個。

知識。討論像一座舞臺，學生必須使用更高水平的認知技能來發展或增強理解、判斷，或創造出新的思維方式。

　　大多數教師都會同意認知處理技能對學生能否掌握新標準來說，是最為艱困的挑戰，無論這些標準是 CCSS，還是其他現行的各州標準。正是由於此原因，CCSS 在識讀的三個組成——閱讀、口說與聽力、寫作，皆重述此重要的認知技能。例如：這三個組件中的定錨標準皆要求學生整合和評估訊息：

- **閱讀**：整合和評估以不同媒體與格式所呈現的內容，包括視覺和數量，以及文字。（CCSS.ELA-Literacy.CCRA.R.7）
- **口說與聽力**：整合和評估以各種媒體、格式所呈現的訊息，包括視覺、量化和口語表達。（CCSS.ELA-Literacy.CCRA.SL.2）
- **寫作**：從數種印刷和數位來源蒐集相關訊息，評估每個來源的可信度和準確性，並整合訊息，同時避免剽竊。（CCSS.ELA Literacy.CCRA.SL.2）

　　在培養學生評估、統整和綜合訊息的技能同時，教師可以將學生閱讀作業納入特定討論的計畫中，並將寫作作業與閱讀和討論連結起來。討論是認知技能的實踐領域，涵蓋所有三組識讀部分。例如：教師可以利用文本指出作者如何整合和評估來源，然後要求學生用相同的操作手法表現於一篇簡短的書面文章，為課堂討論做準備。然而，正是在此討論過程中，當學生與同學互動並思考重要問題時，他們才能真正體驗到「評估」在實踐中的感受。精心策劃過的討論可讓學生參與真實的對話，讓他們不僅要評估文本，還要評估彼此的想法。討論還能讓學生基於彼此想法，以建構更好的、整合過的想法。經過討論，個別學生通常能夠在寫作與真實情境中更為獨立地評估、整合訊息。

　　為了參與、維持討論所需的思維，學生必須進行三種不同類型的認知操作：建立連接、提問和創造。

建立連結。我們將建立連結定義為學生在進行更深層意義時所執行的思維，以及 (1) 將自己的想法與他人的想法連結起來；(2) 將他們的先備知識與討論的焦點連結起來；(3) 將他們的個人經驗和知識與正在考慮的特定文本或其他來源連結起來，以及 (4) 鏈接或整合來自兩個或更多不同文本或其他來源的想法。當然，這份清單還在持續擴編。許多與連接相關的認知技能都出現在 CCSS 和各州標準中。教師可以幫助學生理解建立連結是思考和討論的重要部分。與建立連結相關的一些關鍵認知技能還包括：

- 確定自己的想法與其他想法之間的相同和不同處。
- 將先備知識（學術和個人）與討論主題相連結。
- 提供理由和文本證據，以支持自己的觀點。
- 分析和評估來自不同來源的訊息。

當學生建立連結時，他們會擴展並加深對討論中所嵌入的核心概念之理解。

提問。學生提問對於有活力的、深思熟慮的討論至關重要。沒有學生提問，就不會有聯合的或共享的詢問。沒有學生提問，就沒有學生好奇的真實證據。在深思熟慮的討論中，學生將他們的問題引導到三個來源：討論的內容或重點、其他討論者和他們自己。首先，他們的問題表達了他們對所討論的問題或主題的困惑或好奇心。例如：他們可能對源自他們自己的校外經歷所產生的材料來源或問題有疑問。其次，當他們聆聽並尋求理解他人的觀點或論點時，他們互相質疑。第三，他們可能會質疑自己的某些信念或立場。考慮周密的討論參與者需要發展以下與提問相關的技能：

- 提出問題以澄清並更理解主題或文本的實質。
- 提出問題以確定發言者之假設。
- 提出問題以澄清論證或結論背後的思考或推理。
- 事件表面和問題都有自己的假設。

- 好奇時問問題。
- 發問「假設性」問題以鼓勵發散思維。

第 3 章和第 4 章說明教師如何透過建模、搭鷹架和指導來支持學生發展這些技能，這兩章還提供教師和學生可以在此過程中使用的工具。（請特別參見第 83 頁的圖 3.4）

創造。當學生互動帶來新見解、理解、詮釋或解決方案時，就會出現最高形式的討論。這種創造性思維矗立在牢固的聯繫和質疑的肩膀上。它不是在真空中發生的，而是從學生建立連結和提問時出現的深刻理解與評價中產生的。結果明顯不同於學生討論中經常提出的學生「意見」。創作要求學生使用 CCSS 中的「整合」技能。知識的統整、綜合通常是創造的先決條件。而這支持突破性思維，從而引發另一種新的方式來觀看主題或議題。

討論提供環境讓學生協作，將想法編織在一起，以創建新模式。協作思維是創新的關鍵。Walter Isaacson（2014）強調了「協作精神」，對數位時代進步的重要性。隨著學生在課室環境中練習一起思考，協作精神對學生學習的進步同樣重要。

創造依賴於認知技能，使學生能夠超越文本或其他訊息來源中的「給予」。討論中創造性衝動的標誌，包括以下特質：

- 從不同發言者的想法中得出推論，使對話更深入。
- 整合來自多個來源的訊息，以產生新思維方式。
- 聆聽同學的新解決方案或解釋時暫停判斷。
- 有助於建構協作解決方案。

學生在使用前面介紹的社交技巧時，會發展並完善本節中所概述的認知技能。結合了社交和認知技能，才能製造討論的機會，關注特定主題所產生的共同問題。而知識則為學生提供了這一過程的基本的原始材料。

知識的使用

我們想像的課堂討論類型不是意見分享，意見分享是許多學生討論時的經驗。相反的，我們想像的課堂討論是一種訓練有素的言談，在當中學生運用了與談話、聆聽、協作相關的技能，使用適當的認知技能來操作與所討論問題相關的知識。精實的討論要求參與者獲取多樣化、深入的知識庫。我們確定了學生在處理共同問題時，可以從三個知識面向著手：基於文本的知識、先備的學術知識與經驗知識。

討論為學生提供獨特的機會，因為教師要求他們將學術知識與個人世界觀相結合，讓他們將這三個知識領域的訊息連結起來。此外，討論提供了舞臺，學生可以利用這些知識加深對文本的理解。透過這種方式，討論成為實驗室，學生在此實驗室中努力解決並「測試」個人和集體對於共同問題相關的知識之理解。以下技能即適用於這三個知識領域：

- 力求準確陳述事實。
- 引用訊息來源。
- 評估訊息來源之可信度。
- 將評論與主題或問題相關聯以供討論；不會脫離主題。

仔細選擇討論前要進行的閱讀或研究任務，可能是教師可以採取的最重要步驟，因為它們幫助學生透過討論以精進他們獲取和使用知識的能力。在第 3-5 章裡，我們處理了與討論計畫階段相關的「討論前」此一階段的任務。當學生和教師以共享閱讀的形式分享討論的共同處時，他們的言談可能會更加緊密。這並不妨礙學生在討論之前進行獨立研究；但是，我們認為所有討論者在討論之前，應該閱讀至少一則與焦點問題相關的文件。如果我們沒有讓學生學會對討論的準備工作負責，那麼言談就有可能陷入困境或者偏離正軌。知識以討論為中心，共享知識會為不同的詮釋和觀點提供了出發點。

教師評估與知識使用相關的期望或技能，是教師在討論之前所能提供的第二種支持形式。我們所確立的這四項技能具有普遍性。它們適用於各個發展階段的學生，並且對各學科的討論也很重要。這些技能值得張貼，也許是羅列在要點提示上，好讓學生和教師可以清楚的意識到。

圖 2.4 提供了教師在討論中可以使用的提示和詞幹，讓學生可以熟練使用知識。學生也可以參考這些詞幹，讓他們學會在討論中承擔起支持和相互負責的責任。

透過使用提示語來支持這一組技能，審慎處理是不可少的任務。在第 1 章中，我們建議教師反饋可以截斷學生思考和說話，並打破學生與學生言談的節奏。當教師提供反饋時，他們會從學生那裡獲得控制權，並至少在學生眼中恢復成為「專家」。因此，要把使用知識的技能搭起鷹架需要教師在支持學生與提供學生直接的修正反饋二者之間游走。例如：當學生從非常具偏見的文本中抽取論點時，教師要告訴學生他們使用的是不恰當的資訊來源；然而，讓學生自己反思他們的資料來源並學習如何評估它們會更具成效。因此，我們建議使用像是圖 2.4 中提供的那些評論或問題。這部分會是一個需要大量教師技能和決定權的微妙領域。

同樣地，當學生的評論有可能讓討論往無效的方向前行時，教師可以簡單地對他們說，「你的評論偏離主題了。」乍看這學生的評論似乎與討論完全無關；但這卻是個機會讓學生與其他同儕選擇，去連結要處理的主題，或者將評論合法化，作為此次或未來討論的沃土。或者，其他學生可以向發言者詢問其評論對於所討論主題之間的關係。在適當的時候，教師可以有禮貌地邀請學生反思他自己的陳述，並思索該陳述是否與討論重點連結，或如何將其陳述與討論重點相連結。

除了這四項期待學生可以應用在討論的技能之外，其他特別的條件與期望對於每個知識領域都是獨特的。學生需要瞭解各種知識領域如何為討論做出貢獻。他們還需要瞭解教師要他們對於每一知識領域的期待。

基於文本的知識。目前推行課程標準的其中一項，即是強調學生理解、分析和推斷文本的能力，並使用文本證據來支持他們在口說和寫作時的

圖 2.4 支持學生發展利用知識進行討論的技能

技能	詞幹與提示語
力求準確陳述事實	• 我想知道你在哪裡找到這些訊息。 • 你是否可以重述〔事實、事件鏈、步驟等〕，讓你下此〔結論、解決方案〕？你似乎省略了一步。
引用訊息來源	• 我想知道這訊息來源…… • 你在哪裡找到這些訊息？
評估訊息來源的可信度	• 你能告訴我們有關此訊息來源的相關資訊嗎？ • 誰是這件作品的出版商？或誰是此網站的贊助商？ • 誰是本文作者？你對他們瞭解多少？他們的憑據是什麼？或者哪一機構支持這項工作？你對這組織瞭解多少？ • 是什麼讓你對本出版物、網站或訊息來源有信心？ • 這是一篇學術文章，還是來自大眾媒體？ • 作者對該主題提出了多大程度的客觀和平衡的描述？ • 本網站 [或出版物] 最近更新的時間是什麼時候？所有訊息仍然準確嗎？
將評論與主題或問題連結起來以供討論；不會脫離主題	• 我們一直在討論＿＿＿＿＿＿＿。你能否將你的評論與這個話題連結起來？ • 我無法將你的評論與焦點問題連結起來進行討論。我想多瞭解你的想法。
將來自多個來源的證據整合到自己的論證中	• 你從某一來源提供相關訊息。你能把〔另一位作者〕的想法與你剛才所說的相提並論嗎？ • 你如何將＿＿＿＿＿＿＿的想法與你的論點連結起來？
使用與討論主題相關的訊息，並集中討論問題	• 如何將〔所提出的評論或想法〕與我們的焦點問題做連結？ • 我對你如何將評論與焦點問題〔或之前提出的想法〕連結起來感興趣。

立場。教師越來越會規劃、促進討論，讓學生可以將手頭的文本拿來與他人討論，並指出與他們的評論相關的頁面和行數。同樣地，學生亦可以對視覺藝術、音樂作品或其他領域的產品進行類似的分析，以確定支持其立場的證據。在討論期間有效分析，並能從文本或其他來源中提取論點的能力需要學生具備多項技能。

- 透過參考文本、相關研究、其他媒體（例如：視覺藝術或音樂作品）來證明自己認真準備討論。
- 引用來自文本或其他來源的特定證據。
- 將來自多項文本或來源的證據，整合到自己的論點中。
- 使用學術詞彙和學科語言。

先備的學術知識。討論為教師和學生提供了機會，把各學科知識或以前的學習知識，與所指定文本中蒐集到的訊息連結起來。這是非常具有價值的功能，因為學校的學習是瑣碎的，學生在學校一天或一學期的學習多半是從一單元到另一單元，或是從一學科到另一學科（Perkins, 2010）。如果學生要發展自己的心理框架與思維方式，他們需要更多的經驗「將各個部分組合在一起」。討論的主要目的是提供學生能夠以有意義的方式整合訊息的舞臺，從而發展出更完整的世界觀。根據特定討論的目的和架構，教師可以鼓勵學生從跨出學科或是在不同學科之間萃取想法。教師建構討論問題的方式，可以鼓勵或阻斷這類型的連結建構。同樣地，學生必須瞭解我們在此領域對他們的期望。

- 從之前在學習領域（學科）所學習到的來提取相關訊息。
- 從其他主題領域中提取相關訊息。

經驗知識。學生知識庫很大部分也包括了在校外學到的訊息。討論是一論壇，學生可以將學術知識與「現實生活」中的知識連結起來。當學生將

這類訊息注入討論時，他們能夠好好地辨別學校學習與現實生活之間的相關性。在提供此類訊息時，特別重要的是學生能夠判斷對討論問題的潛在貢獻之相關性與適當性。

- 介紹校外來源的相關訊息。
- 反思、評估在討論時所提出的、與議題相關的個人信念或立場。
- 將當前社會、經濟或文化現象與討論所關注的學術內容連結起來。
- 評估教室中訊息的適當性。

支持高產能討論之態度傾向

學生的技能尚不足以進行充滿活力、高產能的討論；有些態度傾向也必須發揮作用。如果技能屬於討論的陰柔部分，那麼態度傾向就算屬於討論的陽剛部分。

> 如果技能屬於討論的陰柔部分，那麼態度傾向就算屬於討論的陽剛部分。

對態度傾向較為簡單的定義是「以特定方式思考或行動的傾向」。Costa 和 Kallick（2014）認為，思維的態度傾向是指「對於特定的知識分子行為模式的傾向」（p. 19）。他們引用了 Paul Ennis 的看法，認為「必須反思性地使用這種態度傾向。換句話說，在適當的條件下，態度傾向並不是自發性的。」

態度傾向無法被臆測；它們必須明確地教給學生。反過來說，學生在與他人互動、與環境互動時，必須留意當中使用到的態度傾向。

確認討論的態度傾向。Dillon（1994）在其經典名著《在課堂上討論》（*Using Discussion in Classrooms*）中，確立了他認為對於討論至關重要的「道德態度傾向」：「合理、和平、有順序，具真實性、自由、平等性，以及對人的尊重」（pp. 9-10）。此外，Dillon 還提出了其他促使討論成功之至關重要的智力素質，例如：「尊重他人意見」、反應力、明智審慎、反思

力及證據（pp. 10-11）。更重要的是，他認為於「討論的態度傾向……是最為基本的、願意與其他人交談」，這其中還「包含了一系列其他情感或態度，比如較為開明的思想、合理性、尊重其他意見等」（p. 45）。

Costa 和 Kallick（2014）確定了十二項經過研究所支持的態度傾向。可以想像這些對於高產能的討論都很重要：堅持不懈、管理衝動、提問、尋找驚奇與敬畏、以理解與同理心聆聽、借鑑先備知識並將其應用於新情境、願意挑戰新事物、冒險、創造、想像與創新、精進技能、使用清晰準確的語言，以及後設認知（思索關於思考一事）。

其他提倡討論的學者則聲稱需要類似的態度傾向（Brookfield & Preskill, 2005; Hale & City, 2006; Haroutunian-Gordon, 2014; McCann, 2014）。圖 2.5 羅列出我們找到適合所有年級與學科領域使用，促使討論成功、最為重要的態度傾向。在分類這些態度傾向時，我們發現它們可以被分為三個類別，而這三個類別亦反映出三個明確的技能領域。

三組技能組合與三類型的態度傾向之間的關係並非偶然。倘若學生要有意識地發展某項技能，他們必須具有以這種方式行事的潛在傾向。當我們教導學生這些明確的技能時，也可以同時教他們相應的態度傾向。

在進一步閱讀圖 2.5 時，你可能還會注意到許多態度傾向與某些技能雷同。例如：積極聆聽既為技巧又屬態度傾向。如前所述，人們無法直接觀察到他人在積極聆聽——只能觀看到正在發生的線索，像是學生的目光接觸、做筆記或以其他非語言方式傳達他們的興趣。我們認為在進行與主動聆聽相關的特定、具體行為之前，首先必須積極聆聽，而這僅是我們的臆測。同樣地，我們將開放的態度列為社交技巧和態度傾向。與積極傾聽一樣，在行使相關技能之前，必須先有對衝突觀點抱持開放態度的態度。為了找出隱含在一些與知識相關指標裡的準確性，同樣也因類似的理由而制定了技能和態度傾向之表單。

培養學生進行討論的態度傾向。與其他撰寫有關討論的人一樣，我們堅信共有的態度傾向對於高產能的討論至關重要。以下的引導可幫助教師確定哪些態度傾向對他們及其學生是重要的，並且幫助教師決定如何協助學生養

圖 2.5 與熟練的討論者相關的態度傾向

態度傾向	在討論期間它看起來的模樣
社會的	
積極聆聽	學生聆聽、瞭解他人觀點。他們興致勃勃地看著演講者，思索演講者說的內容，並且先提問他們可能還沒理解的地方。
開明	學生聆聽他人意見，對他人提出的觀點感到興趣並且提問。他們願意不斷學習某個主題。
管理衝動	學生在說話之前會先思考。他們暫停判斷並反思他們的初步反應。他們試圖揭露所有的證據，並聆聽發言者的推理到最後。
認知的	
堅持或毅力	學生面對困難的主題時不會放棄。相反地，他們更加努力「堅持到底」、深思熟慮，並與同學互動以加深理解。
採取合理的風險	學生的思維是願意冒險的。他們願意超越明確的範圍之外，為問題提供新的解決方案或引入新的研究主題。他們並不害怕冒險進入新的思想和學習領域。他們明白人都會從錯誤中吸取教訓。
思維的靈活性	學生願意「嘗試」不同類型的思維，以及不同的觀點。他們對他人思維的影響抱持開放態度。
合理性	學生重視證據和邏輯。他們將自己的思維置於標準之下，並試圖揭示同儕立場的證據和邏輯。
反思性	學生非常重視把時間用於思考難題和問題、他們在論證中的立場，以及自己想法與言談的品質。
知識使用	
力求準確	學生提供、尋求證據來支持自己的結論。他們反思自己的想法，並進行自我評估與自我修正。
將先備知識應用於新情境	學生激活先備知識，並將其轉移到新情境。

成這些思維模式。

- 確定好你認為在學生形成一討論群體時，對他們最重要的幾個態度傾向。一開始我們建議不要超過三到五個，這端賴於小組成員的年紀和成熟度。你可能會想要考慮在小組成熟之後，要如何逐步增加其他態度傾向。

- 明確對學生說明關於態度傾向的「內容」和「原因」。幫助學生理解在彼此交談（和學習）時，以特定方式思考和行動的重要性。

- 一次介紹一種態度傾向，為學生創造機會學習學術詞彙，並對特定態度傾向之所觀、所聞與所感進行小型討論。

- 公開展示態度傾向。利用牆壁或重點提示展示態度傾向 —— 或讓學生自己製作這些表單。

- 有意識地示範這些態度傾向，在你示範時為每一態度傾向命名。例如：你可能會說，「我很難不提前打斷，因為我真的想說出我在思考什麼。但我知道對我來說，管理衝動，在發言前先思考，等到其他人發表完畢，這些都非常重要。」

- 鼓勵學生在討論後自我評估他們所使用的態度傾向，並思考他們的思維方式是否變得自然，以及如何變得更為自然。

- 定期評估每個班級所使用的態度傾向。確定是否需要添加、或以其他方式修改既定的態度傾向清單。

　　一般情況下的態度傾向，以及圖2.5中所提的那些具體面向，都是討論的好主題。我們可以想像著，讓學生配對進行「案例討論」，瞭解為什麼特定的態度傾向對具成效的課堂言談非常重要。這樣的討論一開始可以兩兩進行，然後讓配對的學生可以在小組內與全體小組其他成員分享他們的想法，還可邀請其他學生進一步提問或評論。

◉走向有紀律的討論

學生運用各種高產能的討論技巧 —— 社交、認知、知識的使用，以及相關的態度傾向，使他們能夠投入相關的、有意義的、重要的討論。當學生接受這些技能與態度傾向的明確指導，當教師設計好問題以吸引學生的注意時，討論就可以有活力的方式幫學生達到國家標準的同時，加深其對學術知識的理解，並且獲得重要的生活技能。我們對於高產能討論之願景是讓學生成為陶藝家，讓他們將黏土 —— 也就是知識 —— 塑形成多種美麗的形式。討論的神奇之處在於，我們教師永遠不會知道會出現什麼樣的形狀或顏色。

我們不能假設學生已經具備討論的知識、技能或態度傾向，也不能認為這些事情無法學習。它們必須隨著時間的推移而發展，因為教師支持新態度和行為的發展，同時讓學生參與各種由教師主導、結構化的小組和學生主導的討論形式。接下來的三章探討了這些形式的討論。

雖然我們將這裡所介紹的技能與態度傾向視為高產能討論的 DNA，但我們並不認為這樣的觀點是全面的，也不建議所有這些技能與態度傾向適用於所有學科領域或各個年級。教師需要為自己所處的特殊脈絡與任教之學生，運用專業判斷來決定要教授的內容。

反思和連接

想想本章介紹的三組討論技巧：社交、認知與知識使用。

• 根據學生的年紀和發展水平，你認為哪種技能是學生的最佳起點？
• 你認為哪種技能對學生來說，在學習和練習上最具挑戰性？
• 與同事合作，確定要聚焦哪些技能，好為學校學生帶來哪些好處？

3 教師引導討論
教師擔任五階段的討論教練

> 我們可以透過哪些方式有意識、明確地示範技能與態度傾向，引導學生思考，並指導其成為討論的有效參與者？

在教師引導的討論中，教師策略性地參與、指導學生進行課堂對話，同時加深他們對內容的理解。在教師引導討論的舞臺上，學生成為教師的學徒，發展和完善技能，以進行具成效與有紀律的討論。

有效的教師引導討論之關鍵，在於教師的意向性（intentionality）與明確性（explicitness）。意向性與教師決策有關，在特定的教師引導討論中，哪些討論技能會成為學生發展的主要焦點。在課程開始之前的討論準備時，教師逐做好決定。他們審慎決定在討論時，期望示範哪些技能。明確性意味著教師與學生進行「放聲思考」（thinking aloud），因為他們刻意強調某些技能、態度傾向，以及高產能討論會有的做法。要切入討論時，教師會告知學生所要學習的具體討論技巧，以及為什麼這些技能對於有紀律地討論很重要。隨著討論進行，教師持續留意這些技能和相關的態度傾向，以維持有成效的互動。教師想要有意識、明確地引導時，會以示範、搭鷹架、指導方式來教授學生在有紀律的討論所需的社交、認知和使用知識的技能。

示範、搭鷹架與指導

前一章提到在發展技能和態度傾向時，示範尤為重要。例如：想聚焦積極聆聽與控制衝動此二態度傾向，並專注於積極聆聽的教師，會列出這些態度傾向與技能供所有人知道。在討論過程中，經過長時間的靜默，教師可以提供表單給學生，讓教師的想法可以明確地表達給學生知道：

當你停止說話之後，我用靜默來思考你所說的話，並將之與我的
想法進行比較。待我等到要回應某人所說的內容之前，我能夠好
好地思索那個人的觀點——並決定我是否理解，或者我是否需要
提出問題來澄清發言者想傳達之意思。即使在發言者表達完想法
之前，我有時候也很不假思索說出話來。但是當我記得使用此靜
默時，那會提醒我要積極聆聽，並幫助我控制衝動。

這種類型的教師示範通常不會自動發生，那需要預先設想規劃。我們
建議教師把確定要聚焦的幾項技能，作為特定討論計畫的一部分。在討論過
程中，教師可以特別留意要示範這些技能，並明確地告訴學生這些技能的內
容。

教師經常使用搭鷹架的方式，來培養學生理解與精熟學習內容。學科內
容知識和技能的鷹架，有時適合用於教師引導的討論。討論如何搭起使用這
些技巧的鷹架是本章重點。

當教師設計問題或提出評論來支持學生提高他們的思維能力時，他們
正搭起鷹架，讓學生使用一項或多項認知技能，發展這些技能的專業知識。
例如：假設一個班級正專注以下的認知技能：提供理由與文本證據以支持自
己的觀點，你再進一步想像著學生剛剛從短篇小說提出了對於某個人物其道
德觀點的看法。教師在搭鷹架時就可以像這樣簡單的回應：「你似乎認為約
翰不誠實。我對你的看法很感興趣，你得提出文本證據支持你的觀點。」教
師在張貼的討論技能要點提示指出了認知技能，並繼續說著，「你在故事的
哪個地方找到支持你認為約翰是不誠實的證據？」與示範一樣，教師是刻意
地、明確地支持著學生。在討論中，教師搭鷹架是維持個人和群體思考、發
言的核心實踐。本章後面我們提供了多種替代性供教師使用之方法，可作為
鷹架使用以維持討論進行。

示範與搭鷹架是教師幫助學生成為有效參與者的重要策略。雖然這些功
能與指導（coaching）有關，而指導涉及的層面更廣。當學生學習討論技巧
時，他們有時必須停止談話，並且要花時間進行特定技能的直接指導。想像

著三年級教師介入班上討論故事書《夏綠蒂的網》（*Charlotte's Web*），詢問學生對於 Arable 先生將 Wilbur 搬到外面的動機的看法，並要他們與同學的想法進行比較。當學生回答：「我覺得我有點同意、有點不同意」，教師再問：「那你為什麼同意？」時，學生僅是聳了聳肩。教師接著邀請其他學生回應，可他們卻沉默了。事實上，該班級學生正在運作認知技能：判斷自己與他人的想法之間的相同與相異處。

當教師介紹網絡圖工具幫助學生看見他們的思考，引導學生閱讀文本，並提示他們找到與 Arable 先生的動機有關的參考資料。在教師的指導下，全班完成了網絡圖，網絡圖裡的一個格子，要寫下支持剛剛發言者立場的文本證據，而另一個格子則是記錄了同學其他觀點的證據。然後教師重述剛剛第一位發言者對於 Arable 先生動機的立場，並要求全班同學談論他們自己的看法。三名學生回答了此問題。當討論終止時，教師要求全班回想起如何使用網絡圖討論彼此對於 Arable 先生動機的相同與相異處，從而推進討論，教師同時要全班回想網絡圖如何幫助他們澄清自己對故事這部分的看法。這類型的教師干預可比擬為在比賽過程中的超時部分，目的是為了改善參賽者的表現而給予其特別指導。

有意向的、明確的教師示範、搭鷹架和指導，這三樣對學生來說是非常寶貴的，因為他們學會有成效地與他人互動，與學術內容互動。對於年輕學生和剛接觸討論的人來說尤其如此。如果教師想扮演「大師」角色來培養學生學徒這些討論技能，我們必須相信透過示範某些態度傾向，並主動規劃我們要引導的討論，以引導學生進入這種言談形式的價值。

關鍵的教師思維模式

所有參與者都需要某些態度傾向，才能參與高產能的討論。教師需要為學生積極示範本章所提到的態度傾向。此外，還需要用到一些思維模式，使他們能夠明確地表現出他們希望學生學徒要發展的態度和行為。有四種思維模式非常的重要。

專注的聆聽

專注聆聽意味著積極聆聽以理解學生發言者的思維，並以同理心聆聽發言者話語背後的感受。要做到這一點，教師必須允許讓每個人騰出空間與時間處理學生的評論，好抓住其意義。靜默──此指「思考時間」──扮演重要功能。經由發言者的情緒做出的評論尤其如此。透過關注文字與感受，教師可以做出適當的反應──既可以確保寬容，也可以化解潛在的負面情況。

教師的專注聆聽除了專注之外，還要記住學生的具體貢獻，這樣一來教師在討論時，或是提供學生正式或非正式的反饋時，可以再帶領學生回顧他們這些表現。

重視學生貢獻

專注的聆聽是向學生傳達我們重視他們的想法與貢獻的第一步。然而，重視也包括了對想要為討論做出積極貢獻的學生給予真實的、真誠的關注。我們用目光接觸、點頭或以其他方式展現我們在乎學生及他們的想法。此外，即使在協助學生表達不完整的觀點時，我們也會禮貌性地回應學生。

專注思考

當我們關注學生時，必須將焦點問題（以及它所要鍛鍊的學習目標）放在我們腦海中。這點非常重要，特別是如果我們要保持討論的完整性和連貫性，並在課堂討論中「即時」提供有關技能的鷹架。教師要一直想著這些目標技能，並將自己和學生的注意力放在這些技能上。

一視同仁

客觀、公正地回應學生評論既不會對個別學生有任何造成偏袒或消極，而是鼓勵每個人參與討論。除非學生使用錯誤的訊息或是錯誤的推理假設，否則假以客觀立場回應的策略算是隱瞞反饋。教師在課堂上所扮演的傳統角色是專家和權威人物，而不是教練或導師，因此積極傳達公正的立場對

於鼓勵學生參與討論至關重要。

　　若沒有這四項思維模式——專注的聆聽、重視學生貢獻、專注思考、一視同仁，教師既無法點亮討論的引擎火花，也沒有動力讓討論進行下去。這些習慣構成的思維方式是可以培養眞實的討論。當它們引領我們與學生互動時，學生更有可能接受我們期望他們學到的態度傾向，然後培養高產能互動所需的技能。

討論週期：教師引導討論的架構

　　好的討論不會憑空發生。它們之所以發生是因爲教師的規劃與學生的準備。系統性規劃使教師能夠有意識、明確地指導學生，培養討論技能與態度傾向進行高產能的討論。爲了規劃、帶領成功的教師引導討論，教師需要考慮討論過程要分爲五個不同階段（見圖 3.1）。

　　結構性的小組討論、以學生爲中心的討論，以及教師引導的討論都很重要。然而，規劃教師引導的討論，特別是爲了讓討論持續進行，是出於意圖性與明確性的需求，更常被廣泛使用。

準備階段

　　準備具成效的課堂討論，涉及五項關鍵任務。前四項任務會影響著學生在互動之下，所產生的想法本質與品質。而最後一項任務較具組織性，會影響學生互動本身的品質。

　　建構焦點問題以供討論。焦點問題的品質是決定討論品質的重要因素。因此，準備教師引導討論的第一項任務，便是設計出引發討論的焦點問題。這需要深思熟慮地考慮問題的內容和形式。在第 1 章，我們研究了教師可以拿來建構高品質焦點問題的步驟，強調所設計的問題的重要性，要扣著較複雜的、有爭議的議題，使學生深入思考。此外，讓學生將寫作要處理的問題先進行「討論」，這對特定的學生來說非常重要，他們可以知道學術概念的重要與相關性。這裡提出的問題可以協助建構強而有力的焦點問題。

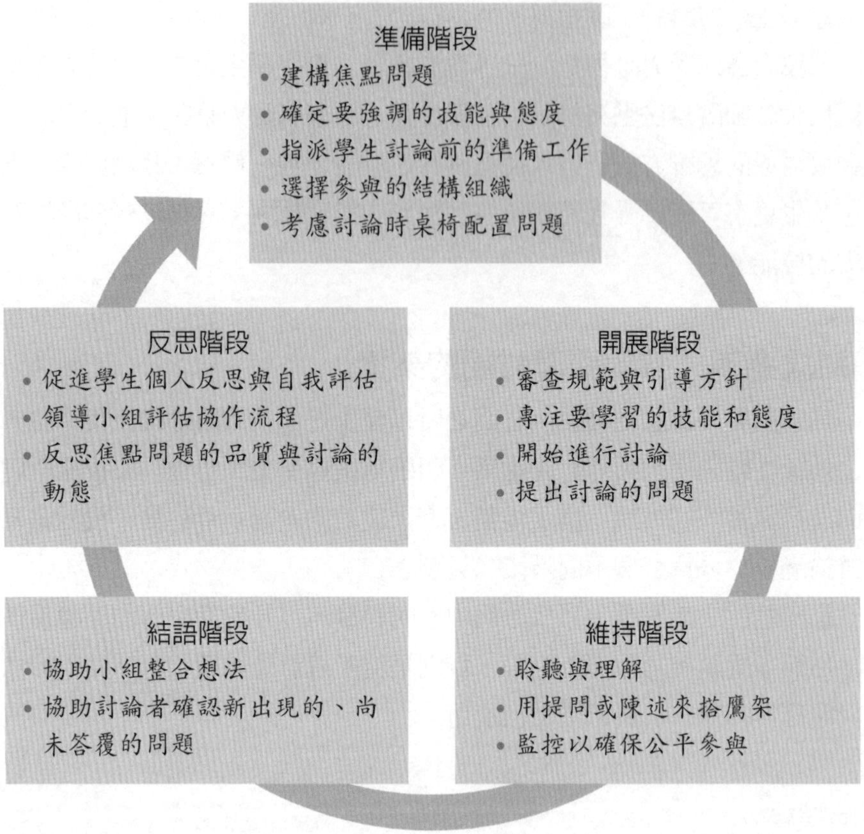

準備階段
- 建構焦點問題
- 確定要強調的技能與態度
- 指派學生討論前的準備工作
- 選擇參與的結構組織
- 考慮討論時桌椅配置問題

反思階段
- 促進學生個人反思與自我評估
- 領導小組評估協作流程
- 反思焦點問題的品質與討論的動態

開展階段
- 審查規範與引導方針
- 專注要學習的技能和態度
- 開始進行討論
- 提出討論的問題

結語階段
- 協助小組整合想法
- 協助討論者確認新出現的、尚未答覆的問題

維持階段
- 聆聽與理解
- 用提問或陳述來搭鷹架
- 監控以確保公平參與

圖 3.1 五階段討論

建構焦點問題進行討論

A.問題或關鍵概念
- 這與哪些標準有關？
- 問題在多大程度上引發了多種觀點或看法？
- 學生在多大程度上擁有知識的廣度與深度來思考該議題？
- 這議題可以用哪些方式來吸引學生？該議題在多大程度上與學生的興趣有關？爲什麼它會對這些學生來說很重要、很相關？

B.問題的措辭和結構
- 問題中有哪些學術詞彙？

- 哪些動詞會激發所需的思維深度？
- 依據脈絡設定的前導語（如引導句）是否有助於聚焦和激活學生的思維？如果如此，可能會是什麼？

決定要強調的技能與態度傾向。限定幾個在特定討論時要用到的社交、認知與使用知識的技能及態度傾向非常重要。挑選的關鍵標準是：根據之前課堂討論的形成性反饋，評估目前學生的熟練度如何？利用這方法來決定要學習哪些最需要的技能與態度傾向，讓特定學生群體在特定討論時學習。（有關各種技能和態度傾向的詳細訊息，請參閱第 2 章。）

選擇討論的技巧與態度傾向

A. 社交技巧。考慮你的學生目前在口說、聆聽與協作思維的熟練度。如果班上大多數學生尚未精熟基本的社交技能，那麼此次討論的主要焦點就該關注在社交技巧。如果大多數學生精熟核心的社交技能，就請挑選最多三個技能來練習，可以挑選要複習、強化的社交技能，或是從其他類別來挑選要練習的技能。

1.
2.
3.

B. 認知技能。檢查焦點問題可以幫你確定要練習哪些認知技能。需考慮 (1) 焦點問題中使用的動詞，以及 (2) 可能的學生回應。選擇幾項認知技能，準備透過放聲思考來示範這些技能。

1.
2.

C. 使用知識技能。檢查焦點問題可以幫你決定要使用哪種知識使用的技能。比如，焦點問題在多大程度上可以讓學生整合來自其他學科或校外經驗的訊息，或是讓學生獲取、評估數種訊息來源？

1.
2.

D.態度。選擇鍛鍊要學習的技能之態度傾向。準備好協助學生理解所選擇的態度傾向與相關技能之間的關聯。

　　1.

　　2.

　　為學生挑選、指定文本閱讀或是其他討論之前要準備的工作。高產能討論來自於學生獲取或使用與議題相關的知識而有的想法。無論主題或學科領域內容，學生都需要透過深入研究相關的知識庫來做好準備。通常教師會指派學生閱讀文本或探究主題，也許是要學生利用挑選過的線上資源。教師還會同時讓學生在討論之前，以書面形式回答預先提出的焦點問題。有時候教師會要求學生自己設計與主題討論有關的問題，或是讓學生使用討論要用到的文本，並讓他們設計與文本相關的問題。為了規劃適合討論前練習的作業，教師需要考慮討論之問題或主題、學生的年紀與發展水平，以及學科內容領域。

預先討論閱讀或其他作業
A.閱讀文本或主要的資料來源。基於文本的討論支持學生關注討論的問題，提供他們想法參考並對自己的看法有所交代（accountability）。
B.獨立研究與討論相關的主題。若是讓學生上網搜尋相關訊息，獨立研究可算是一種可行的預讀形式，可以產生多樣化的觀點。若學生準備討論的方式，那麼對於某些知識的使用，像是「評估訊息來源的可信度」等的技能，就變得非常關鍵。
C.討論前的寫作活動。寫作活動有助於學生準備在討論時，澄清自己的想法。
D.學生產出與討論主題相關的問題。如果學生有時間提前考慮討論的主題，會更容易在討論時提出問題。一項簡單卻有效的策略是在討論前一天預覽焦點問題，並邀請學生針對回家作業的主題，提出自己真正的「好奇之處」。

　　確定要激發、維持思考的結構組織，並促使所有學生參與。當學生在鍛鍊討論技巧時，如果討論的動力減弱，或者說他們偏離主題、討論失焦時，會需要暖身啓動他們的思考，並且花時間重新組合其想法。教師可以預想學生會需要透過「幫浦」，篩選其思維路徑和規範來進行高產能的討論。例如：在討論一開始，或是學生陷入不知所云的討論時，可以用「思考─配對─分享」（Think-Pair-Share）或「轉身說話」（Turn and Talk）等配對回應策略來啓動學生思考。

參與線上討論的預期進行方式

1. 用完整句子把焦點問題的回應張貼出來，提供理由說明想法，內容還可包括文本出處參考。
2. 根據公布的截止日期和時間回覆。
3. 閱讀全班同學的發言。
4. 回應至少二條同學的發言，包括至少一條他們提出的問題。

　　線上討論論壇是在課堂討論進行之前，激活學生思考的替代工具。Edmodo、Schoology、Moodle 等教室管理系統替議題討論提供了機會，讓學生針對事先提出的提問彼此回應。雖然教師選擇用這些工具來進行全面討論，這些線上平臺亦可在學生進行面對面討論之前，先用來暖身。使用這些平臺時，教師會先在線上提出問題，此道提問不同於在課堂討論的焦點問題。還記得第 1 章提到的，與雅典民主有關的提問嗎？這些社會研究教師會在舉行課室討論的前幾天，挑選幾個提問供線上討論：雅典民主的相對利弊會是什麼？請說明為什麼你認為那些已確定的特質是有利或是不利於雅典社會的。

　　教師會期望每位學生發表自己對焦點問題的看法，同時對同學的想法做出至少兩次回應。線上討論可以協助學生回應以下的課堂焦點問題：你建議要用哪種方式修改雅典民主，好讓這精神可以在我們現今的社群施行？下面的表格提供學生參與線上討論的範例。此外，教師還需要建立「網絡禮儀」

（netiquette）指南，內容通常包括像是「不叫喊」（no yelling）（比如使用全部大寫或粗體字書寫）等之類的建議。線上搜尋會需要這類指引範本。

選擇激活、維持思考與說話的結構組織和策略

A. 激活思考

1. 制定提示語。在教師引導的討論中，提示語可以邀請學生在討論前參與反思性寫作，建立焦點並產生想法或與同儕進行對話，以專注想法並從他人那裡獲取見解。有效的提示語可協助學生瞭解生活與主題的相關性。

2. 選擇結構組織。激活思考時，讓全體學生在回應的結構組織裡以提示語來討論。從以下三個類別中選擇挑出一個結構組織，教師可以因時間進展選擇不同的結構組織。

   - 線上平臺：如 Schoology、Edmodo、Moodle。
   - 配對回應：如「思考—配對—分享」、「卡片交換」（Card Swap）。
   - 小組討論活動：如「分合法」（Synectics）、「人物圖表」（People-Graph）。

B. 恢復動力、聚焦、提升參與度

1. 預測問題，事先預想討論時會出現的、亟需教師干預的潛在問題。針對學生和討論主題，請先預想下面四個情境，或是任何其他你可以預見的情況。

   - 假若班級失去了動力、熱情，或者說討論似乎沒能更向前推進或更深入探討，你該怎麼做？
   - 假若學生不專注於討論的問題，一直離題時，你該怎麼做？
   - 假若學生沒有使用基於文本的證據，或使用錯誤訊息來支持他們的立場時，該怎麼辦？
   - 假若大多數學生沒有說話或參與討論，該怎麼辦？

2. 可能的干預措施

   - 使用配對回應，如「思考—配對—分享」或「轉身說話」。（教師事先準備好用於此活動的提示語。）
   - 用不同的活動來重新聚焦，比如透過提問切入方式，即事先準備與焦點問題相關、連結原始思維的問題。
   - 提供暫停時間讓學生整合自己思考與寫作，或許可以規定每位學生對於該議題提出提問。

　　考慮組織議題。進行特定的課堂討論之前，教師必須做出幾個較為務實的決定，這包括討論小組的規模，以及教室桌椅安排。教師引導的討論可以在至少三種不同的學生配置方式下進行：(1) 全班進行、開放式論壇——讓全體學生參與討論，教師擔任參與者和（適時的）引導／促進者此雙重角色；(2) 魚缸討論法（fishbowl）或內外圈——教師與幾個學生坐在內圈，其他學生則坐在外圈，利用聆聽任務進行，上課時學生知道他們會在某個時候輪流進到內圈練習；(3) 5-8 名學生形成小組——由教師協助此小組學生進行討論，而其他學生則參與討論前或討論後的活動，或是參與結構性的小組討論。

　　討論要在參與者可以看到彼此才會最有效。因此，桌椅最好排成圓形或 U 形狀。對那些教室過於擁擠、整天待在同一間教室的教師而言，會是一項大挑戰；而且對於有很多教學工作要完成的教師來說，安排教室桌椅會很困難。我們給教師提出最好的建議即是，在物理限制的情況下，要有創造力並盡力做到最好。有的教師會將桌椅移到教室邊緣並讓學生圍成一圈；其他教師則使用魚缸討論法，邀請幾位學生（8-10 人）坐在內圈，而讓其他人坐在外圈進行積極的聆聽任務。學生輪流進出內圈，如此一來讓每個人都有機會參與討論練習。

討論時桌椅配置注意事項：討論小組的大小、配置和平面圖

A. 討論規模和配置
　1. 全班進行。
　2. 「魚缸討論法」（考慮因素：小組討論的學生人數、小組數／輪流次數、小組成員組成）。
　3. 教師引導的小組（考慮因素：小組組成、每一小組討論的時間、學生在參與討論前和討論後活動時的指示語）。

B. 平面圖
　1. 大圓圈。
　2. 內外圈。

3. U 形排列。
4. 其他。

　　規劃高產能討論的範本（參見附錄 B），完整列出當中要注意的地方。教師可使用它來規劃在課堂上即將進行的討論。然而在理想情況下，規劃討論可以是一種協作，教授相同學科內容的同事可以用此範本來共同建構他們的工作。對於在校內無法找到可以一起協作規劃討論的夥伴教師，可以透過用電子連結方式與其他教授同科的教師，利用線上小組來規劃討論。

開展階段

　　成功的討論端賴於「啓動」，當中包括以下內容：確保玩家理解「遊戲規則」、共同的約定，或明白彼此互動的規範與指南，關注可以讓玩家有效地在其位置上發揮的技能，提供結構組織或陣容好開始比賽，並提出要討論的問題，讓所有人準備好接受它。

　　審查共同約定或準則。第 1 章強調了課堂互動使用的共同約定或指南之重要性。身爲教師，你可以決定哪些「遊戲規則」適合你和學生。我們建議參考第 1 章提到的共同約定，來決定最適合你自己學生的規範。這些共同約定必須含括三個類別：問題目的、思考時間和參與方式。

　　專注要學習的技能與態度傾向。在教師引導的討論中，與其他討論形式一樣，教師替學生規劃幾個階段，讓學生專注於特定的討論技巧。規劃階段的其中一個重要結果是，針對討論的特定主題或提問，挑選幾個適合學生發展水平的技能與要求。本頁提供的 QR 碼所連結到的教學頻道影片（Teaching Channel, 2015），內容是給學生觀賞用，關於示範練習的討論技巧。在該影片中，位於康乃狄克州 Bristol 市 Ellen P. Hubbell 小學的四年級教師 Kelly Bouchard，讓她的學生以四人一組方式，練習並思考他們要鍛鍊的兩種討論技巧（此即他們的學習目標）。Bouchard 女士利用小組形式，爲她的學生提供

引導練習。在監督小組時，她注意到學生使用要學習的技能，她的筆記協助其給學生特定的臨時反饋。該課堂示範了幾項特點，包括了關注幾個討論技巧，學生參與、定義他們所認為成功地使用這些技巧的規範，並將之用來評估自己使用這些技能進步的狀況，以及提供機會利用反饋來引導練習。

開始討論。根據我們的經驗，如果教師在討論開始之前，策略性地激活學生思考，那麼會有更多學生參與討論。暖身活動幫助學生專注於手頭上的主題，蒐集並產生他們的想法。許多結構化活動可以作為啟動之活動。以下是我們還有與我們合作過的教師夥伴用過的三項成功的活動：「分合法」、「人物圖表」、「卡片交換」。

「分合法」是一種語言發明，可以激發想法。這一詞彙是希臘文的衍生詞，意思是「將不同的想法結合在一起」。此方法鼓勵學生比較兩種全然不同的概念。例如：

Brown 先生為他的十一年級美國歷史學生準備了教師引導討論，主題關於 Roosevelt 總統決定推遲美國加入第二次世界大戰。他讓學生參與下面活動。首先，他要求每位學生安靜反思並記下對此問題的回覆：*你對孤立主義的看法是什麼？*在幾分鐘靜默思考和寫作之後，Brown 先生在白板上投射了四張圖片：島嶼、繭、洞穴和綠洲。他要每個學生決定最能代表自己孤立主義觀點的意象是哪一張圖，並完成以下陳述：*孤立主義就像〔自己選定的意象〕，因為＿＿＿＿＿＿＿。*

Brown 先生在教室裡劃分四個指定區域，讓選擇相同圖片的學生聚在一塊。學生形成了四大組，每一組推派一位同學在表單上記錄大家的回應。選擇「島嶼」的該組學生所記錄的內文如下：

孤立主義就像島嶼，因為……

- 可以免受周圍的湍流影響。
- 可以利用資源並專注於自己的需求。
- 變得自給自足。

- 可以阻止你不要管他人閒事。
- 害怕冒險離安全港口太遠。
- 可能會陷入困境。

活動結束時，Brown 先生提出了以下焦點問題供討論：

Roosevelt 總統推遲了美國加入第二次世界大戰，一直到日本襲擊珍珠港，他才向日本宣戰。直到加入軸心國，他才對德國宣戰。如果你是 Roosevelt 總統的內閣成員，你是否支持，還是反對他在第二次世界大戰的前四年所奉行的孤立主義政策？當你為自己的立場提供論證支持同時，請考慮美國和同盟國的短期與長期利益。

當討論的問題涉及可商榷的、有爭議的問題時，教師可以利用「人物圖表」讓所有學生思考他們在問題上的立場，並且在進行更正式的討論之前，與同儕小組非正式地分享自己的思想。如同「分合法」一樣，這種回應策略始於個人的靜默反思。教師讓學生決定自己對於論述內容的同意度（如從非常不同意到非常同意），並記下為自己立場所提出支持的看法。經過 2-4 分鐘的靜默評分與反思，教師要學生到「人物圖表」上與相對應的位置站著。許多教師會在地板上以適當的間隔貼膠帶標示——通常是從 10（非常同意）到 0（非常不同意）——以協助學生在圖表上排隊。當所有學生都「站」在圖表上，教師再邀請他們與 2-3 位持有相同立場的同儕聚在一起，分享彼此的論點。之後，教師可以利用站在圖表線上不同程度的二到三個小組，來「採樣」學生不同立場，或是讓學生回到座位開始正式討論。

在前述的例子中，Brown 先生利用「人物圖表」來激活學生思考，然後才開始討論 Roosevelt 總統的政策，讓他們思考下面的陳述：Roosevelt 總統決定推遲美國進入第二次世界大戰，直到珍珠港被襲擊才加入戰爭的決定是最好的行動方案。學生被要求在 0（非常不同意）到 10（非常同意）的位置

上，決定自己的立場。

如果你是 Brown 先生，你會使用哪一種策略——「分合法」或是「人物圖表」？爲什麼？

第三個激活討論的活動——「卡片交換」或是「拿一張／給一張（卡片）」（Give-One／Get-One）——也始於個人靜默反思和寫作，以回應教師提供的提示卡。在這種情況下，學生針對卡片上的問題，清楚寫下他們的想法在卡片上，然後將他們的想法（卡片）交換給他人。經過一段書寫時間後，學生站起來找另一位同學，並與其分享想法。合作夥伴彼此解釋自己看法，在結束之際，他們彼此交換卡片。然後學生接著再找另一位同學，與他們分享前一位合作夥伴的想法。通常，學生與夥伴分享並交換卡片，這樣的方式要在 5-6 分鐘之內進行三到四次。此一過程啓動了討論，因爲所有學生都以一種較無威脅的形式投入思考、交談，並且聆聽不同的觀點。當接下來進行全班或大組討論時，學生既有自己的想法，也會知道他人的看法。

想想 Brown 先生如何使用「卡片交換」，讓學生關注、思考 Roosevelt 總統的決定。他會用什麼提問促使學生思考？

線上討論是另一種策略，這可以用來刺激學生在實際開始討論之前思考這個話題。與面對面的激發討論活動一樣，線上對話爲學生提供了一種結構組織，使他們能夠在參與討論之前，讓自己與討論主題、與其他人的想法建立連結。

提出討論的問題。教師需要預先提出課堂上的討論提問。我們建議教師考慮「提出」一個問題，而不是「問」問題（Walsh & Sattes, 2005）。想想這兩者之間的差異。當我們呈現某樣東西時，我們會將之作爲禮物送給觀衆。我們眞的想知道觀衆是否會接受；我們對他們的回應感到興趣。提出具品質的焦點問題，代表我們對學生反應眞的感到興趣。這樣的演示要求教師可以透過提問表明他們在乎學生的回應——透過使用臉部或口語表達、抑或是審愼使用的詞彙。意思即是與學生進行目光接觸，表明對他們和對其想法感到興趣（Walsh & Sattes, 2005）。在討論過程時，將焦點問題投射到螢幕上，或將之寫在白板上，教師往返於各組學生討論焦點問題時，可以朝向前

觀點辯論（Philosophical Chairs）

在此影片中，舊金山的 Abraham Lincoln 高中十一年級美國歷史教師 Valerie Ziegler 審查了兩個主要的原始文件後，向學生提出了以下問題：為什麼人們反對越戰？反對越戰主要是因為政治、社會或是經濟因素？Ziegler 使用觀點辯論（Philosophical Chairs）模式，指示學生身體移動到為他們的觀點所指定的房間部分。然後，她引導全班學生分享自己選擇的理由，並提出後續問題。學生參考文本，建立彼此的想法，並積極聆聽不同的觀點。

https://www.teachingchannel.org/videos/reading-like-a-historian-taking-positions

方指著該問題並與學生互動。

　　討論的開展即確定了基調，決定了學生感興趣的程度與討論的投入度。有效的討論切入之關鍵在於教師的意圖性，將學生的注意力集中在預期的共同約定、要練習的討論技巧與態度傾向，以及焦點問題本身。然而，有效的啟動並不能確保能夠有贏得比賽的表現。要做到此點，教師必須通過「維持賽局」來支持學生的持續性思考和投入。

維持階段

　　當參與者始終關注要討論的問題，彼此談話、聆聽，在拓展個人和集體思維時考慮彼此觀點，並提出問題來澄清、擴展他人想法或分享問題時，就會開始了高產能的討論。這些參與者之行為有助於讓討論保持活力進行，它們構成了討論的核心和靈魂。當教師引導討論時，它們的主要作用之一是制定策略方法以引發、支持這些學生行為出現（意即透過示範、搭鷹架與指導）。

　　教師為了維持討論，面臨了許多挑戰，像是 (1) 協助學生適應、尊重靜默；(2) 拓展個別學生的思考和談話；(3) 鼓勵學生將想法建構在彼此的思維之上，而不是僅僅促使他們表達自己的觀點；(4) 讓學生緊扣主題，並想辦法「哄騙」那些似乎有意將討論導向完全不同方向的學生並扣回主題；(5) 啟動停滯不前的討論；(6) 培養好奇心和興奮；(7) 確保機會均等的參與——鼓勵沉默寡言或害羞的學生，並管理好潛在的言談壟斷者。

　　維持討論與處理這些挑戰的關鍵，在於教師巧妙的運用第 1 章中所提的提問策略——建構討論問題（包括後續問題）、促進機會均等的參與、支持學生思考、創造體貼的、尊重的文化。Brookfield 與 Preskill（2005）認為，提問、聆聽和回應的技能是「維持引人入勝的討論核心」，而且「這三項技能中，學習提問需要最多的技巧與實踐」（p. 85）。我們建議教師在規劃、指導這階段的過程中需要關注三件事：(1) 聆聽理解；(2) 用陳述、提問或其他適當的作法來搭鷹架；(3) 監控、確保機會均等的參與。

　　聆聽理解。高品質的提問乃最重要的共同約定之一，要刻意使用兩種類型的暫停方式，也就是所謂的「等待時間」（wait times）或是「思考時間」（think times）（此概念曾在第 1 章中介紹過）。第一個思考時間，指的是教師或學生提出問題時的暫停時間。這種靜默讓每個人都有時間深思他們對此問題的瞭解。而第二個思考時間——此指在參與者停止說話之後，並且在下一次干預之前的靜默——讓發言者有時間延長或修改自己的評論，並讓聆聽者有時間處理發言者的評論。當教師與學生一同創造一種文化，讓思考時間可以受到重視時，每個人（包括教師）都有機會聆聽並且理解。重視並且利用思考時間，有益於學生發展以下聆聽技巧：

- 讓同學在停止說話之後，利用靜默來思考發言者所說的話，並將之與自己的想法進行比較。
- 提出問題更加理解發言者的觀點。
- 在添加自己的想法之前等待，確保發言者已經完成陳述自己的想法。
- 準確解釋另一位學生所說的話。

· 看著說話的學生並給出非語言暗示，讓人注意。

　　在教師引導的討論期間，教師可以為學生示範這些技能，他們可以明確地示範如何使用。如何示範呢？透過關注正在說話的學生。透過觀察發言者、點頭回應，或用其他非語言訊號來表達自己正在專注聆聽。藉由「活在當下」專注於發言者的言談，而不是自己的觀點。這些都需要本章前面所述的思維模式：專注的聆聽、重視學生的貢獻、專注思考和公平。獲得這些習慣需要紀律與實踐。

　　這類型的聆聽還需教師脫掉評估員的帽子，不要立即給予修正性反饋或讚揚，這兩者都有可能破壞學生想法並且擾亂談話的流動。引導討論時，教師的目標要從「評估學生思維轉為維持學生思維」（Juzwik et al., 2013, p. 30）。由於我們經常聽見學生理解中的落差，而常常給學生即時的形成性反饋，因此對於我們大多數教師來說，這是一個非常困難的轉變。然而，放棄這種專家角色卻是維持討論的關鍵之一。這樣做需要教師與學生一起思考。

　　當我們能夠與學生同時思考時，我們可以在他或她停止說話後使用這段靜默來思考他們話裡的涵義，並讓其他學生作出回應。如果在合理的等待——也許至多 10 秒鐘——之後沒有回應——我們可以提出一個問題來支持發言者的想法，邀請發言者闡述他或她的想法；或者重述解釋學生的評論，以確保我們的解讀正確。在解釋之後，我們可能會邀請其他學生提出同意或不同意理由，提醒他們目前主要的聆聽技巧是利用某人評論後的靜默來比較發言者所說的與他們（作為聽眾）的想法。

　　傾聽理解有助於解決不少關於維持高產能討論的挑戰。當一位教師示範對靜默感到自在並提到靜默的好處時，這會傳達並強化靜默時間的目的和價值。靜默可以鼓勵學生建構彼此的想法，而不是簡單地提出他們自己的想法。許多學生在利用靜默來進行討論上需要協助，教師可以透過多種方式來帶領這項技能。如前所述，一個簡單的策略是重新解讀學生所說的內容並邀請其他學生同意或不同意，或者補述說明發言者的評論。如果這不能引起另一名學生的反應，教師可以示範「提出問題以理解發言者的觀點」的行為。

想像一下，在教室中，教師的所有行爲都帶著目的。爲了確保學生能夠明白看出被示範的技能——以及這些技能如何促進討論——當時機成熟時，這位教師可能會暫時擱置討論並大聲反思，這樣說：

> 我想暫停一下，與大家分享我是如何嘗試使用我們的一些聆聽技巧。首先，我等待 John 停止說話以確定他已完成表達他的想法，並且沒有其他任何補充。我也用靜默來思考他在說什麼。我試圖拋開自己關於這個主題的看法，並專注於 John 的想法。
>
> 我等著你們其中一個人向 John 發表評論或提出問題——因爲討論的目的是讓你們彼此交談，而不僅僅是對我說話。當沒有人說話的時候，我會提出我對 John 所說內容的解讀，確定我真正理解他的意圖，並邀請他確認我的理解，如果他願意的話，可以進一步說明他的想法。也就是，我希望你們之中的一個人在 John 點頭同意我的解讀之後，可以回應 John。
>
> 因爲我對 John 的一個陳述有疑問，如果沒有其他人發言，我準備向他提出一個問題。但是，我相信你們每個人都有同意或不同意的部分。因此，我希望我們回到我們的談話中，讓我們每個人有一點靜默時間，以確定 John 的主要觀點之一，並回想我們對他的立場的看法，以及我們爲何如此思考——或者看看我們是否有因 John 的評論而引發的問題。

如果沒有這類的教師反思，示範效果最小。並非所有學生都會透過單獨的例子，來瞭解我們試圖教授的內容。

這種明確的教師反思有助於確保刻意的示範，能夠促進學生的學習。當然，重要的是要注意我們不要透過這種干預來中斷討論的流程。當學生在沒有我們提示的情況下相互交談時，教師的出聲思維法既不必要、也不富有成效。但是，在討論停滯時（有時會發生）這樣的介入可達到兩個目的：(1) 他們可以提供關於討論技巧和過程的直接指導，以及 (2) 他們可以啓動討論，

特別是當教師藉由邀請學生繼續對話結束放聲思考時。事實上，這種反思是
教師提供鷹架的一個例子，這是討論中教師思考的第二個重要的關注範圍。

以問題、陳述或其他適當的舉動，來提供鷹架。在本節中，我們回顧了
教師在討論中面臨的一些常見的挑戰，並思考了他們可以用來協助個人和小
組思考的其他方式來克服這些挑戰。圖 3.2 列出其中五個挑戰和對應鷹架，
可用於解決每個問題。我們描述了與它們相關的挑戰的各種鷹架。

圖 3.2　鷹架與維持教師引導討論相關聯的五大挑戰

挑戰	教師表達陳述	教師提問方式	對話結構	學生提問方式
擴展學生思考與說話內容	• 表達青睞 • 表達鼓勵 • 對話填充詞 • 釋義和反思性陳述 • 聲明 • 思維澄清	• 說明提問 • 後設認知問題	• 語言／非語言	• 教師邀請學生提問
引導學生自評與自我修正	• 釋義和反思性陳述 • 思維澄清	• 後設認知問題		• 教師邀請學生提問
鼓勵學生從他人思考脈絡中再延伸	• 與發言者的相關性 • 重述	• 對同儕闡述做補述說明		• 教師邀請學生提問
讓學生不偏題	• 聲明	• 後設認知問題 • 注意焦點問題	• 小組討論板	
快速啓動停滯不前的討論	• 教師角度言論	• 真實的問題或出於好奇的提問 • 針對原先焦點的延續性問題	• 思考—配對—分享 • 寫作—配對—分享 • 其他結構或配對規範	
培養學生好奇心和興奮	• 教師角度言論	• 真實的問題或出於好奇的提問		• 鼓勵或引領學生提問

擴展個別學生的思考和說話內容。以教師為中心的課堂討論方式，提問方式的討論特性在於學生說話的長度。透過這種延伸性發言，他們澄清並有時糾正自己的想法。但是，沒有經驗的學生不太可能參與這樣的探索，試探性和反思性思考。教師可以透過使用各種不同目的性的鷹架，來輔助學生思考。

當目的是鼓勵學生繼續交談時，教師可以對學生所說的內容做出簡短的陳述表示青睞。例子包括「這是一個新穎的想法。我想聽到更多」，或簡單地說「你好像說到重點了。我很感興趣是什麼促成了這個想法。」或者，教師可以使用 Dillon（1994）所指的 *phatics-* 簡短的短語，鼓勵發言者繼續。例如：假設學生正在解釋他或她如何解決字詞問題，並在解決所有步驟之前停止說話。教師可能會簡短地聲明，例如：「我們有跟上」、「繼續」或「這很有意思」。這些陳述「對討論產生重大影響……〔增強〕孩童討論長度和主動性遠遠超過問題本身，無論是有固定解答的問題或開放式問題。」（Dillon, 1994, p. 88）我們大多數人都使用的另一種策略是 Dillon 所說的對話填充詞──用來表達你正在聆聽學生的話語或聲音。例子包括「mm-hmm」、「嗯嗯」、「mm」、「我明白」、「我理解」和「好」。最後，肢體語言──保持目光接觸、點頭與各種手勢訊號──可以鼓勵繼續說話。

教師還可以透過更深入的評論來擴展學生思考。對學生的評論進行解釋，然後進行個人反思，這是一種邀請學生繼續交談而不提出實際問題的方法。例如：在重申你對學生陳述的理解之後，你可能會簡單地說，「我沒有從這個角度想到這個問題，但我有興趣瞭解更多有關你的歸納。」同樣，你可以表達了你對學生評論的看法與感受而不重述它。為了提供回應給另類思維的學生，你可以說，「我沒有遇到過這種解釋。我很好奇你如何向這個領域的專家解釋這一點。」這些類型的教師評論應該只在讓學生有機會回應發言者的延長停頓後提供，一個經驗法則是在討論過程中永遠不要搶了學生的發言權。

你可能想知道問題是否是要求學生繼續思考和說話的適當方式。考慮接受式問題，其中融合了學生想法或先前回應的一些要素來要求進一步闡

述（Juzwik et al., 2013）。分析問題可能聽起來像這樣：「你不同意作者的觀點，你會如何解釋她的觀點？」或「你告訴我們你認為金髮姑娘不應該進入熊的家，你能有更多說明為何你認為這是一個糟糕選擇嗎？」研究人員發現，提問式問題的使用與學生的讀寫能力和內容學習有關。他們「將思考的責任轉移給學生……鼓勵學生詳細闡述，提高學生的思維和參與度。」（Michener & Ford-Connors, 2013, p. 91）它們也是「學生思想塑造學習的課堂表現關鍵指標」（Boyd & Galda, 2011, p. 96）。

引導學生自我評估和自我糾正。這些鷹架用於邀請學生繼續進行特定的思考。然而，教師通常希望學生反思，澄清甚至修正他們的思想。在這種情況下，第一個衝動通常是質疑。但是，為此目的過度使用問題可能暗示教師正在回歸專家角色而破壞討論。同樣，陳述或評論則有較不容易干擾，並且不太可能導致學生「僵住」，擔心他們說錯了。當目的是跟上甚至挑戰學生思維時，考慮以下類型的陳述的好處來代替問題：釋義、陳述性說明和思維澄清。

用我們自己所理解的話語來釋義或重述學生想法，我們測試了我們對評論背後涵義的理解。學生可以確認我們的理解和闡述，或澄清他們的意圖。同樣，我們可以簡單地重複學生的評論的一部分，主要將它們反饋給發言者以作出反應。這兩種策略都再次宣揚了發言者的想法，這可以鼓勵繼續發言。

陳述性說明是指教師可以用來引起學生注意事實錯誤的敘述。例如：假設一名學生評論說：「森林火災是可怕的事情。它們摧毀了動物與植物。『教師的第一個衝動可能是問』，森林火災會帶來什麼好處？」這樣的問題可能會把這個討論變成教師指導課。另一種方法是做一個聲明，例如：「森林火災的確會破壞植物和動物的生活，他們還透過允許新生命的發展來再造森林。」這一聲明將允許發言者或其他學生繼續談話或詢問有關教師所說內容的問題。此類陳述在支持知識使用技能方面非常有用，包括準確性和查詢參考文本或其他訊息來源。

思維澄清表達了教師對學生評論或觀察的反應，也體現關於學生思考的問題。例子包括「我跟不上你的推理」、「我想知道你有什麼證據可以支持

你的斷言」和「我有點困惑」。這種類型的陳述可用在討論中支持知識使用
技能（例如：文本證據的準確性和引用），以及認知技能（例如：以間接方
式揭示假設和尋求澄清）。

　　雖然我們建議教師先透過陳述來爲每個學生的思考脈絡和說話內容鋪
路，但問題有時候是更合適的方式。當學生的思維模糊不清時，後設認知問
題可以幫助學生完成他們的思考。這些問題「喚起學習者注意他們自己的思
緒和知識的使用」，從而使他們能夠自我評估、自我糾正，並建立新的理解
（Cazden, 2001, p. 92）。Eleanor Duckworth（正如引用自 Cazden）詳細闡
述了幫助學生並評估他們學習的教師問題：

> 如果一個人與孩子進行對話以試圖明白孩子的理解，那麼孩子的
> 理解就會「在這個過程中」增加。對話者要求他們試圖爲自己澄清
> 的問題讓孩子們得以進一步思考……你的意思是？你是怎麼做到
> 的？你爲什麼這麼說？這與剛才所說的相符的地方是？我真的不
> 明白：你能用另一種方式解釋一下嗎？你能舉個例子嗎？你是怎
> 麼想出來的？在每種情況下，這些問題主要是對話者試圖理解對
> 方的理解方式。然而，在每種情況下，他們也會參與其他人的想
> 法，並將他們更進一步。（Cazden, 2001, p. 92）

讓學生更進一步思考，正是鷹架過程想要實現的目標。Duckworth 聲明中表
明了跟著學生思考脈絡，並揭示這些脈絡與假設所仰賴的知識層面的重要
性。這對於教師指導討論是一項重要的功能。教師們這些幫助學生理解自己
想法與所知的問題可以使他們投入後設思考，並模擬他們如何使用這些類型
的問題來強化自己和同學的理解。

　　鼓勵學生補述說明彼此想法。這類與合作相關的技能使學生能夠超越看
似乒乓式討論（來回式），轉向更類似於足球式的討論（互助合作）。大多
數學生在學校使用這些技能的機會有限。教師的協助可以培養和幫助學生的
互動和合作。我們提供三種策略以達到以下之目的：與發言者的關係、重述

和敬邀發言者。

一個相對簡單的策略是與發言者的關係，即教師找出學生所說的內容與前一個學生的想法有關聯的地方。這鼓勵了兩個學生之間的對話，並展示了兩個重要的協作和認知技能：補述說明他人想法和建立聯繫。教師可以使用這種技巧爲學生建立彼此傾聽和利用他人想法的價值。這可以使學生相互交談，共同尋求新的理解，而不是單方面回應並與教師交談。與發言者的連結可能會像這樣開始：「Maria，你的評論與 Josh 先前所說的有關。」教師明確指出了 Maria 的評論與 Josh 的評論之間的具體聯繫。

另一種鼓勵學生互相交流並建立彼此想法的教師鷹架是重述，其中教師發表包含學生評論或某些想法的言論。例如：在關於牛頓第一運動定律的課堂討論中，一名學生說：「嗯，一籃子蘋果比一個蘋果更有質量，所以移動籃子比移動一個蘋果需要更多的力量。」教師發言說，「Susan 說，移動一個質量更大的物體需要更多的力量，在這種情況下，移動一籃子蘋果的力量大於單一蘋果。我想知道這告訴了我們質量和力量之間的關係是什麼。」在這種情況下，重述有兩個目的：它使用學生的洞察力來維護一個重要的內容脈絡，它還邀請其他學生以此爲基礎去思考。在 Cazden（2001）的觀點中，「重述可以是建立不斷增加的共同知識庫和不斷擴展的學習者社群的一種策略」（p. 91）。

教師還可藉由互動直接邀請學生互相提問來協助學生——以及讓學生有時間表達和提出問題（另一種有效利用靜默／思考時間！）來支持學生互動。教師邀請可以採取像是這樣的說法「Abby 已經提供對這個角色的動機的一種解釋。我想知道 Abby 的評論是否會讓其他人對這個角色的問題提出疑問。」

讓學生不離題。由於過去在討論過程中容易失焦，許多教師都不願打開眞正討論的大門。讓學生不離題是一種特殊的挑戰，因爲我們從不想因過於刻板而壓制創造性的、跳躍性的思維，但我們的工作是確保討論可促進學術目的，並確保學生在相通的求知過程中訓練思考。前面的一些策略可用於此目的。例如：教師可能會製作一個簡單的聲明，例如：「John，你的評論很

有趣，但它似乎與此主題無關，無法進行討論。你能用便利貼把它寫在我們的小組討論板上。」同樣，教師可能會提出一個後設認知問題，例如：「你的評論與今天討論的話題有什麼關係？」我們建議張貼出焦點問題與討論目的在教室醒目的地方，以便利用簡單的身體語言去提示學生需要重新聚焦。

啟動停滯不前的討論。一些教師的另一個擔心是，在對該主題的真正探索開始之前或者在深入理解之前，學生們的對話將會消失。在這種情況下，教師要做什麼？最容易接受的方式是提供機會與夥伴討論。這可以是要求學生轉身和「隔壁夥伴」談話，而產生可能推動討論的問題或評論。另一個類似且更有產能的策略是寫作─配對─分享：學生需要 1-2 分鐘的時間靜默，進行個人思考和寫作，然後與合作夥伴交換意見。使用這些小組結構，讓所有人都參與。

花時間進行個人反思和夥伴對話，可能不適合你對鷹架的概念。教師們的熟悉是在直接幫助學生達到課程標準的情況，通常是在課堂上背誦直接指導，建立一個學生可以從現有的知識點到所需知識水平或技能的橋梁。然而，在討論的背景下，鷹架用於加深學生的內容知識和發展他們的討論技巧。如果學生不參加討論，這些事情就不會發生——為了讓他們參與，當他們說錯了也可以感到自在。使用兩兩對話可以提供這種自在感。

配對談話是夥伴提供鷹架的一個例子，有時對學生比教師提供的協助更有幫助。考慮鷹架的這個定義：

> 鷹架是給予學習者的幫助，該學習者根據其實現當前目標的需要而制定。最好的鷹架以有助於學習的方式提供幫助。例如：告訴某人如何做某事或為他們做某事可能有助於其實現他們的直接目標；但它不是鷹架，因為孩子無法積極參與知識的建構過程。相比之下，有效的鷹架提供了提示得以幫助學習者自己解決問題。
>
> （Sawyer, 2009, p. 11）

該定義考慮到各種範圍的鷹架，但不限於教師提問或評論。無論如何，是教

師本身必須計畫並留出時間進行各種類型的鷹架。

　　另一個可以作爲促進學生參與的催化劑的教師動作是個人觀點的陳述。當討論停滯不前時，教師可能會傳達他或她對當前議題的看法，只提供其中一個可能性。在這樣做時，教師作爲一個成熟的參與者進入討論。除非討論似乎陷入平靜或僵局，否則最好不要使用這種策略。如此舉動的風險在於許多學生不願意與教師看法相歧，而會停止思考。

　　爲討論注入新生命的最終策略是提出一個新問題，一個解決或討論主題的問題，但是從一個稍微不同的角度來看。在第 1 章中，我們建議教師預測學生思考可能採取的不同方向以回答焦點問題，並在談話沒有按計畫或希望進行時準備後續問題。有些相關的口袋問題，可以預防討論完全停止。

　　培養學生的好奇心和興奮。學生的好奇心和對主題的眞實興趣，促進了高產能的討論。沒有這些，討論眞的永遠不會開始；談話會很吵，學生們則很沮喪和無聊。那麼，教師如何持續或支撐好奇心和興奮？除了勾勒出值得合作調查的問題之外，最重要的教師行爲可能是透過提出眞實問題和鼓勵學生提問來塑造好奇心和興奮。當教師自己大聲傳達自己的困惑或疑惑時，教師是透過提問來培養學生的好奇心。當教師提出「眞實」的問題（即，他們沒有答案或先入爲主的觀點的問題）時，他們可以激發學生的好奇心並擴展思考。在教師指導的討論中，這類問題可作爲學生探究的範例。

　　最終，學生的問題還是維持討論和興趣的最重要因素。不幸的是，正如我們之前所說，在大多數教室中，學生的問題很少見。雖然學生的問題可以成爲維持思考和討論的支柱，但教師通常需要協助學生提出問題的意願和能力。首先，向學生傳達他們可能會就文本或主題向彼此（以及他們自己）提出問題的原因。圖 3.3 是一個有用的工具，用於支持學生發展第 2 章中討論的六種提問技巧。

　　關於問題作為鷹架的最後忠告。你可能會對我們在提問失敗前放棄考慮替代鷹架的忠告感到驚訝——特別是考慮到本書側重於以提問帶出討論！我們的重點是高品質提問——而不僅僅是提示以問號結尾。

圖 3.3 發展學生提問的提示和詞幹之鷹架

技巧	使用時機	簡單詞幹／標準問題
提問以澄清並且更佳理解主題或文本	• 當你對術語、措辭或句子的結構感到困惑。 • 當你需要其他訊息時。	• 作者寫作時的意思是什麼……？ • 當你說……時，你是什麼意思？ • 你能以不同的方式說出來嗎？ • 你能提供一個例子嗎？
問問題以確定發言者的假設	• 當你不明白發言者（或作者）思考的背後是什麼。 • 當你認為說話者可能是基於情緒，而不是事實。	• 我想知道你是否有個人信仰，這會影響你對此的思考。 • 你有什麼樣的經歷，導致你相信_____嗎？
提出問題以澄清思考或歸納出論點或結論的邏輯	• 當你沒跟上思路或推理；就是說，你不知道發言者是怎麼從 A 點到 B 點。 • 當你認為發言者可能是一言以蔽之。	• 我沒有這樣想過。你能說明是什麼導致你得出這個結論？ • 這總是如此嗎？什麼可能改變結果？
表面和問題的假設	• 當你真的想知道是否是個人的信念正在影響你的觀點。 • 當意識到證據與你對主題的第一印象相反。	• 我的個人信仰如何影響我對他人想法的開放程度？ • 是什麼促成了我的信仰？ • 我是否願意聽取這些事實，雖然他們與我的信仰相矛盾？
有好奇時提問	• 你對某事有「真實」的疑惑；你有一個問題，但你沒有答案。	• 我們如何才能找到更多訊息？ • 會有什麼影響？ • 可能是什麼造成的？
問假設性問題來鼓勵多方思考	• 當你想鼓勵發言者考慮不同的觀點。 • 當你有一個想法想與小組一起測試。	• 其他的想法會是什麼？ • 如果……？ • 想像一下_____。這會如何影響我們的思維？

我們意識到有許多的相關，有時甚至是與提問相提並論。根據他的研究，J. T. Dillon（1994）反對在討論中使用教師問題，表明他們將「破壞討論過程，將課程變成另一種小組談話，就像教師指導課一樣。」他進一步指出，在討論中，「教師問題不會激發學生的思考，他們也不鼓勵參與。他們壓抑學生思考和談話。」（p. 78）我們同意 Dillon 的觀點，當用於質疑學生時，問題會扼殺他們的說話，但我們認為教師問題確實在由教師帶領的討論中起作用。

雖然教師的問題可以協助學生在討論中的思考，但有一些需警覺之處。首先，當提出問題時，教師需要特別注意他們的影響和肢體語言。回想一下本章前面強調的教師態度傾向，特別是專注聆聽。如果教師的面部表情和肢體語言表達他或她正在傾聽，並真正理解學生單詞背後的意義，那麼學生很可能會將這個問題視為對他所思考的內容真正感興趣的表達。如果教師的語言表達了重視學生的回饋貢獻，學生可以將該問題解釋為真正可以幫助用來澄清或支持他的思想。這種類型的提問不太可能破壞討論或轉變成教師指導模式；相反的，它可以作為學生在彼此互動時使用的方式。

其次，我們的問題的措辭可以傳達真正地想聽到學生多談論主題內容──或許是澄清或擴展思考──而不是評估或審查學生的評論。有用的問題引導是「我有一個疑惑」、「我很好奇……」和「你的評論引起我的一個問題」。這些帶著好奇的問題開端，傳達了尊重，並為學生提供一個舒適、安全的回應空間。

第三，重要的是要考慮如何讓全班同學投入思考我們所提出的問題，而不是與單一學生建立一對一的對話。在討論期間教師提問的一個潛在缺點是，無回應的學生可能會成為被動的一方，因為對話僅限於教師和發言者之間。教師可以察覺到令人困惑或有趣的點，然後邀請其他學生提出問題來協助澄清發言者立場。

第四，正如之前所強調的，我們需要確定我們所考慮的問題是比促使學生進一步思考和說話的聲明更好的手段。請記住，在教師帶領的討論中，目的是為學生建立在課堂內外進行獨立討論所需的技能、行為和態度傾向的模

式。教師應該期望學生互相談話、互相建構思想,不要互相詢問,不斷互相挑戰對方。

最後,選擇是該提出陳述、提出問題、延遲討論,或延長沉默——是取決於哪一步最有可能在討論時延續學生的思考和談話,這是教師只能在課堂討論的時刻做出的判斷。McCann(2014, p.124)總結了許多反映我們所強調的對話動作:

- 將學生在討論時所作的評論與之前的課堂活動聯繫起來,包括小組工作和長期與短期學習目標。
- 在不暗示「正確答案」的情況下,徵求回覆和釋義以確認學生意思。
- 邀請學生評估或評估彼此的貢獻。
- 監督學生思考的發展過程,以確定教師用陳述或問題來介入討論的適當時機。
- 總結討論的主題,並找出有深入對談的可能部分。

提供學生思考和說話的鷹架是教學中最嚴峻的任務之一;它需要專注的傾聽、思考和實際制定適當的提示。這是我們建議教師在規劃階段先預測學生可能反應的原因之一。雖然鷹架通常被認為是用以支持學生使用認知與知識使用技能,但如果教師知道誰在說話或不說話,也可以用來支持對話的公平性。

察看過程以確保機會均等的參與。機會均等的參與是民主討論的特色,並不是自然而然發生的。Bridges(1979)指出,「要求每個參與者在討論時都可以聽到和被聽到」,更有甚者,關於個別團體成員的意見和權益表達至少在一定程度上保持均等之參與(p. 23)。他建議,當教師無法擺脫專家/評估員的角色時,許多學生都不願表達他們的想法。然而,教師擺脫這種專家角色是不夠的。如果他們要確保聽到所有聲音,還必須主動監督參與。這是教師在促進和指導學生討論時,面臨的最嚴峻挑戰之一。

追蹤參與模式。合作討論的目標之一是所有學生的參與。限制潛在獨

占對話討論者和鼓勵未參與者的挑戰與這一目標有關。要在教師帶領的討論中解決這些挑戰,教師需要找到一種方法來追蹤哪些學生在說話,以及說多少。教師可以設想學生有義務或要求學生提供幫助。無論哪種方式,教師都需要持續覺察互動參與模式。這種觀測相對簡單;更大的挑戰是如何確保所有學生在課堂對話中有發言權。

數學課堂中的內容特定注意事項

　　在數學課堂上進行的討論所需的鷹架與鏈結不亞於其他學科的討論。然而,討論的背景是不同的,因為它通常圍繞著加深對數學概念的理解,透過關注學生對具有認知挑戰性的數學問題或問題的反應。教師透過提出「探究和探索意義與關係〔迫切〕,學生解釋他們為何如此思考」,使學生的思維變得可見(Smith & Stein, 2011, p. 73)。在 *5 Practices for Orchestrating Productive Mathematics* 中,Smith 與 Stein 認為,教師在指導討論時需要在學生主體身分(構建他們自己的數學理解)和學生可信度之間建立平衡,以發展對數學學科至關重要的理解。本書為組織數學課堂討論提供了有用的框架。

　　要主動。策略之一是要積極主動,可藉由與學生合作建立參與規範進行討論。(參見第 1 章的例子)發布大家都同意的常規可以確保公平參與。例如:觀察到有一名學生開始獨占討論的教師可以指出以下常規:注意觀察你的談話,以免成一言堂。或者,教師可能會要求討論暫停,然後說:「我觀察到你們之中只有少數人參加我們今天的討論,我想提醒我們兩個參與原則:分享你的想法,以便其他人可以向你學習並鼓勵他人發言,特別是那些沒有參與的人〔指向共同的規範和暫停〕。思考一下你自己和他人對我們對話的貢獻〔再次停頓〕。現在反思你可以做些什麼,以確保每個人都參加。」

　　在教導與發表參與規範之外,教師至少還有三種方式可以支持學生參與:

　　使用思考時間 2。要求學生在同伴評論後至少等待 3-5 秒鐘，讓所有學生有時間處理發言者所說的內容並思考他們的回應。許多學生需要這個時間。對於那些在發言者結束說話前即有回應的學生，可以關閉「內部處理器」的思維。當所有學生都有時間進行處理和思考時，他們更有可能有所貢獻，並且會更有信心發言。思考時間 2 可以透過鼓勵他們在脫口而出想到的第一件事之前先思考，從而遏制單一同學獨占式的談論。利用思考時間來鼓勵學生參與，要求學生理解並實踐第 1 章中提出的思考時間規範。

　　嘗試「思考－配對－分享」。促進參與機會均等的另一個策略是暫停時間，呼籲個人進行反思，並採取配對分享互動。這種策略不僅適用於建立持續性思考，當討論開始失敗時（如前所述），也有助於平衡討論。每個學生都會以書面形式回覆，藉著和夥伴說話，或兩者兼而有之。在夥伴談話之後，教師可以請沒有發言的學生分享與夥伴討論的內容。

　　合適時直接邀請。有時候請求尚未有貢獻的學生發表評論是合適的。教師可以向所有非參與者發出公開邀請，也可以點名學生發言。所有教師都體認到點出沒有發言的個別學生的缺點——例如：他們可能會讓學生感到尷尬或招致不恰當的評論。教師也知道如何理解學生的肢體語言。有時學生正在等待發言，但由於更積極的同學占主導地位，所以無法找到切入點。我們可以透過簡單地說「我覺得＿＿＿有東西要說」來暫停這些學生，並暫停讓學生說話（或不說話）。

　　為自己設定實際的成長目標。持續的討論需要大量的教師：雷射般的專注、非凡的傾聽、敏捷的思維、克制和外交能力、對個別學生的感知能力、對內容或紀律的深刻瞭解、良好的判斷力等，這些是教師隨著時間的推移而發展及完善的技能。總是有可能在維持討論上越做越好，但教師不應該嘗試一次完成所有事情。正如教師幫助學生一次開發一些討論技巧一樣，他們將需要專注於在任何課程中維持學生討論特定相關的部分行為。我們建議教師為自己制定成長目標，以便他們能夠集中精力並反省自己的表現。

五年級 ELA 課堂中的課文講話時間

在這個錄影課程中，五年級教師 Stacy Brewer 讓她的學生參與討論，為他們的個人寫作作業做好準備。在進入討論圈之前，學生們進行了小組腦力激盪（開放式活動）。Brewer 女士與學生們圍成一圈，協助他們進行討論。她首先複習了指導方向和對學生期望，包括一次講一個、仔細聆聽同伴，並用手勢來表示說話的意願（如果他們想要補充別人所說的話，請兩根手指向上；如果他們想要補充新的內容，請豎起大拇指）。Brewer 女士透過仔細聆聽每位發言者，提出後續問題，有時自己進行書面參考，與尋求確保大多數學生的參與來維持討論。她明確地向學生講述了她在這次討論中帶領他們做了什麼。在這個 7 分鐘的錄影中，她使用全組與兩人一組的思考討論。

https://www.teachingchannel.org/videos/analyzing-text-as-a-group

結束

結束討論最合適的方式是什麼？在某種程度上，這取決於討論的問題和相關的目的。大多數學術討論旨在為學生提供加深或擴展理解或觀點的機會。雖然討論背後的理論是協作思考和談話討論可以促進這一目的，但是在個別學生層面，學生得以加深或擴展理解。每個學生每次討論後可以發展出不一樣的收穫，原因有三：(1) 背景和學科知識的深度和廣度；(2) 個人經歷所產生的信念和價值觀，以及 (3) 與討論相關的技能熟練程度。由於學生的「起始點」不同，他們透過討論練習會有不同的方式學習和成長。因此，討論的結束為個別學生提供了反思和鞏固思想的機會，他們並不要求整體課堂學生在同一主題達成同樣結論。

協助學生鞏固思路。Nystrand 和他的同事（1997）認為，透過討論進行學習是因為教師和學生一起討論「構成共同的理解，這反過來有助於個別學

生的學習」，學生的學習「從聲音的相互作用中產生」（p. ix）。在大多數傳統的課堂互動中，他們在討論中將一些學生區分為「訊息生產者」，另一些學生區分為「訊息的複製者」（p. 80）。此外，他們區分個別學生學習和集體或共享學習。每個學生都成為自己學習的生產者，也是集體學習的貢獻者。

然後，關於實質討論的結束或終止是學生將自己和他人的思想融入他們個人心理框架和基模的時候。在這一點上，大多數學生可以透過教師督導的形式受益，特別是如果他們剛剛開始他們的學徒期。教師可以使用的一種督導策略是在討論即將結束時，向全班提出問題。以下是一系列可能的問題：

- 在整個討論過程中，關鍵問題是什麼？
- 出現了哪些不同的看法、觀點或思維方向？
- 提供了哪些證據來支持其中的每一項？
- 我們可以從提供的證據中做出哪些推論？
- 有什麼揮之不去的問題？
- 我們還可以產生哪些其他問題？

教師可能會對這些問題做出回應（或要求學生這樣做）。透過全班思考和討論這些問題，教師可以留時間進行個別學生反思和記錄；也可以在討論結束或第二天同一堂課時間進行。

另一種方法是從個人省思寫作開始，讓學生與全班同學分享他們的見解。建構學生反思的一種方法是使用「我過去認為／現在我認為／我仍然不知道」的提示，並要求學生以三欄格式記錄他們的思考。

協助討論可以察覺新出現的或未解答的問題。這兩種策略都可能產生其他問題。我們相信大多數好的討論都會導致學生產生其他問題。教師需要抵抗下結論的誘惑，並在學生的談話中繫上界線。重要的是提供學生時間進行個人反思和訊息處理，這樣他們就可以組織新知到心中，並思考剩餘或新浮現的問題。

反思

　　討論週期的最後階段是對討論過程的反思，這可以在兩個場所進行：(1) 在課堂上，教師與學生一起反思並引導他們進行協作反思；(2) 在教室外，教師單獨；最理想狀態是與其他同事一起反思。這讓人聯想到賽後分析，在此期間教練和球員會反思球員在比賽場地上的表現，教練團隊評估比賽戰術本身。

　　我們想像兩種可能的課堂反思類型：學生的個人反思性寫作，調查項目回覆或開放式提示，或是由教師推動的全體反思式對話或結語。當教師提供兩種事後性思考的機會時，個人反思可以反映在課堂反思中。但是，根據目的和可用時間，教師可能決定只讓學生參與其中一種反思模式。

　　促進個別學生的反思和自我評估。個人反思側重於教師在規劃階段選擇的討論技巧和態度傾向，並在開始時呈現給學生。這些技能可能在開課時被確定為學習目標。圖 3.4 顯示了教師可以用來獲取學生關於他們自己和同學，使用目標技能的書面答覆的模組。教師要求學生寫下這些技能領域——社交、認知與知識的使用——這是左欄中討論的焦點。由於討論是一個協作過程，應該要求學生反思他們的個人表現，以及他們班級的集體表現：他們作為個人在哪些方面尋求使用已知的技能和態度傾向？班級中的所有學生在多大程度上合作，創造了預期的那種對話？學生在討論後立即反思他們的表現是最為理想的。如果無法做到這一點，可能會要求學生反思他們作為家庭作業的表現或在下一堂課時進行。

　　在前面提到的教學頻道影像（2015）中，四年級教師 Kelly Bouchard 在與進行合作討論的 *Tuck Everlasting* 兩個部分中的第一部分後，與她的學生一起檢查。她首先提醒他 們的學習目標（「我明白補述說明彼此的想法，有助於協作討論」）和兩個相關的成功標準（「我可以問我的同學問題，以更好地理解他們的想法」，以及我可以使用哪些連結詞彙去「連結我與我的同學的想法」）。學生透過回答以下問題完成了自我反思日誌（Teaching Channel, 2015）：

圖 3.4 目標式討論技巧的書面評估

在第一欄中記錄我們今天關注的每個技能領域。然後評估你今天對這項技能的使用，從 VS（表現良好）到 OK（尚可）到 NW（需要努力），並舉例說明你為什麼依自己的方式評價自己。最後，評估你的小組對此技能的使用情況，並提供一個示例。

技能領域焦點	我的表現	班級或團體表現
盡己所能貢獻討論。	表現良好ⓞ—尚可—需要努力 我沒有說很多。我認為我提出了一個很好的觀點。	表現良好—尚可ⓞ—需要努力 不是每個人都說話，直到我們詢問他的想法。
提出問題來澄清理解他人想法。	表現良好—尚可ⓞ—需要努力 我不需要釐清想法。我明白了大家所說的。	表現良好—尚可ⓞ—需要努力 有幾個人確實在請別人舉例和解釋他們的想法。
問別人他們的想法，所以我們得以聽到參與者的意見。	表現良好ⓞ—尚可—需要努力 我很自豪。我很緊張，但 Luiz 沒有說什麼，所以我問他想到了什麼，而他也告訴我們！	表現良好—尚可—需要努力ⓞ 我是唯一一個問過他們想法的人。

- 我們認為參與協作討論的積極方式有哪些例子？
- 參與討論時，我是否使用過這些示例？請描述你是如何做到這一點的。
- 我如何達到成功標準？
- 我如何提高參與協作討論的程度？列出至少兩種方式。

　　帶著團隊進行評估協作流程。學生反思的另一種方法是使用討論本身，作為一種布達課堂對話有效性的方法。在教師帶領的討論中，教師可以向課堂提出一些準備好的問題，為每個學生提供反思和評估小組集體表現的機會。同樣的，這類的提示會有所不同，這取決於班級正在努力發展的技能。在 Bouchard 女士四年級班級的課程錄影中，在學生各自回應後，她讓全班同學進行了反思性對話。她問道：「在我們回答下一個問題之前，你認為我們需要做些什麼？我們作為一個班級要做什麼？〔暫停〕Charlie？」

Charlie 回答說：「試著互相問彼此更多問題，因為我們幾乎都在說自己的事情。」

在這個例子中，教師要求學生在分享他們的想法之前單獨反思。但是，也有可能在沒有個人反思的情況下有效地讓學生參與集體思考。想像一下：一個九年級的歷史課討論了經濟大蕭條，對那些經歷過大蕭條的人其性格的影響。進一步想像該課程側重於以下知識使用技巧：

- 藉由參考文本和相關研究，認真準備討論證據。
- 將來自多個來源的證據，整合在一個論點中。
- 提出與文本中所提想法相關的問題。

在課堂報告中，教師可能會決定提出以下問題：

- 我們其中一個討論技巧的進步，是透過討論帶出多元素材與各種文本。有什麼證據可以證明，你們很多人都把這種技巧帶到了今天的討論中？
- 你和其他班級成員在能夠連結多個來源的訊息與自己的論點，能做到什麼程度？
- 你們有多少人質疑文本中所提的想法？為什麼你認為這是一項難以掌握的技巧？

反思性對話的問題，因討論的重點和目的隨著討論而有所不同。假設這個九年級的課程在使用協作技巧進行討論方面取得了重大進展，教師偶爾會重新調整學生對這些技巧的關注度，以使大家能在同一討論雷達中。例如：在未來的討論中，教師可能會說：「我注意到你們之中的許多人，正在從彼此想法獲得靈感並提出問題以澄清。」這種口頭反思為學生提供了關於他們掌握討論技巧的進展的形成性反饋。

反思焦點問題的質量和討論的動態。在課堂討論之後，教師應進行個人

反思：有可能的話，與同事一起反思他們對課堂討論的規劃和推動。個別教師反思的關鍵問題包括：

- 這堂課的焦點問題是如何起作用的？它是否產生了我所預期的思維方式？有什麼驚喜嗎？我如何修改它，以便將來討論這個主題？
- 開放的討論如何有效地幫助所有學生參與？
- 具體而言，我做了什麼來維持學生的思考和交談？
- 如果有的話，我還可以做些什麼來支持和維持學生的思考和交談？
- 在哪些程度上，學生對於投入對話討論感到自在？
- 學生在哪些方面表現出對彼此觀點的尊重？
- 我們班的參觀者可以注意到何種對話文化？
- 學生展示了明確技能進步的程度是？有什麼證據支持這種評估？

如果教師們記錄了課堂討論，教師能夠以更好的方式回答這些問題。我們強烈推薦這種做法——如果不是在每次課堂討論，至少在例行的基礎上。

雖然每個教師可以私下反思課堂討論，但是當由專業學習社群、同年級團隊或學科團隊中的一組同事協作完成時，反思可以更加強大和富有成效。如果兩位教師圍繞同一個問題進行討論，並且可以比較學生的反應和互動，那將會很有幫助。當然，不見得總是可行的。即使你的同事沒有如同你一樣同一天推動相同的討論，反思夥伴或夥伴們也可以幫助我們每個人將我們的回顧性思維提升到更深層次。

反思應該引領學生和教師為未來的討論設定目標。應該鼓勵學生在反思他們於討論中的參與程度後設定新目標，教師也可以為自己和學生制定新的目標。

指導過程

教師帶領的討論如同一個場域，在這裡教師模擬、支撐和指導學生可使用的技能和態度傾向，使他們成為有想法的發言者與更尊重人的聆聽者。教

師可以使用討論過程的階段（參見第 54 頁的圖 3.1）來創造和執行一個賽局計畫，該計畫將支持學生發展目標技能和態度傾向。與此過程的五個階段相關的工具和策略可以支持教師計畫和促進討論，旨在加深學生對內容的學習，同時培養學生在沒有明顯教師指導的情況下熟練地進行討論的能力。

　　教師主導型的討論還介紹了一種模式，學生在參與結構小組討論和學生主導型的討論時將會看到這種模式。教師和學生的角色與責任，在結構小組和學生主導的環境中發生變化。教師減少行動，退回觀察者、支持者和監督者的角色。學生越來越肩負發起和維持討論過程的責任，用於觀察他們自己與其同伴對目標技能和態度傾向的使用，也為了掌握自己學習並有助於他人在教室社群的學習。

反思和連接

在本章中，我們研究了五個階段的討論——從規劃到反思。在思考以下問題時，請考慮課堂上的學生和同事：

• 規劃：協作規劃討論的優勢可能是什麼？你可以與學校的哪些同事一起思考與計畫更有效地使用課堂討論？如何讓學生參與規劃的過程？你如何融入學生的意見？

• 開展：你認為計畫開始討論的最重要原因是什麼？考慮到學生的年齡和發展程度，課堂上的切入點可能看起來與聽起來像什麼？

• 維持：反思你當前引導討論的方法。當你閱讀有關維持討論的內容時，你有什麼新的見解？

• 結語：你對「結語」討論的看法是什麼？你的學生多常會在討論中提出更多問題進行思考？

• 反思：你可以透過哪些方式將反思作為一種形成性反饋，來確保學生在提高討論技能方面取得進步？反思如何幫助你磨練計畫和指導討論的技能？

你何時會帶著學生進行，由教師帶領的討論？

4

結構小組討論
使用規範架構組織討論技巧

我們如何戰略性地使用小組結構，來培養學生的討論技巧？

　　幼兒園的孩子們興奮地聚在一起聽教師讀書。每個人都坐在地毯上的一個正方形中，微微擺動。「站起來擁抱你的夥伴。用只有對方聽得到的聲音問好，」Glass 女士說。每個孩子站立，面對坐在相鄰廣場的夥伴，並擁抱。他們以安靜的聲音互相交談。「謝謝你們，」Glass 女士說。「現在坐下。」Glass 女士停下來，孩子們安頓下來，繼續說道，「我要讀一本書。當你聽故事時，請使用你的零級音量。」她在音量級別的掛圖上指向「0」（見圖 4.1）。「零級音量是什麼意思？」孩子們想回答，但他們還記得教室規則是不要舉手。一、兩個人坐在他們的手上，以免自己舉手。Glass 女士請 Ian 回應，他回答說：「零級音量意思是不要說話。」Glass 女士暫時停下來示範思考 Ian 所說的話，然後在課堂上說：「如果你同意就秀給我看。」所有的孩子都會發出豎起大拇指的訊號。「好。讓我們開始我們的新書。」

0	1	2	3	4	5
不要說話	輕聲細語	夥伴談話	小團體對話	課堂音量	遊戲音量

圖 4.1 教室音量級別掛圖

　　「看看書前面的圖片，」Glass 女士說，她再次指向掛圖上的零級音量，並將手指放在嘴脣上，以提示她的學生這是一個她想要他們思考，並自己回答的問題。「仔細研究圖片並思考：這是一本關於什麼樣的書？準備好

為你的預測提供一個理由。」Glass 女士默默地等待孩子們研究圖片並思考她的問題，然後繼續，「與你的夥伴談談你的答案。」所有的學生都與夥伴面對面，每個人都在說話。Glass 女士於學生中走動，並傾聽他們的談話。

　　「感謝你使用你的二級音量——你的夥伴音量，」她說。「坐下來，我們會聽到你在想什麼。當我叫到你請你分享時，記得用你的課堂音量。」Glass 女士指著掛圖上的數字「4」，停下來引起所有人的注意，並問道，「你的預測是什麼？」她再次停頓了一下。「Jessie？」全轉向 Jessie 並傾聽她的回答是：「我們認為這個故事將是關於蓬蓋馬車，因為我們看到馬車上坐著一個家庭。」一個令人感到自在的停頓之後是第二個學生的評論：「我們看到了同樣的事情。而且我們認為這個故事將是關於走在馬車後面的小女孩。」又一次停頓，學生補充說：「我們認為他們可能會迷路。他們正在看田野裡的花朵，他們沒有注意到他們的爸爸、媽媽。」Glass 女士接受了另外兩名學生的評論——每個學生都建立在先前的評論之上——然後開始閱讀這本書。她又停了四次並提出問題。每個問題，她都要求孩子站立，與他們的夥伴交談，並與大團體分享。

　　這個小插曲是否描述了「討論」？想想我們在第 2 章中提供的討論定義：討論是一個過程，個別學生在與他人互動時能夠以紀律的方式表達他們的思想且形成意義，並促進對所討論問題的個人和集體理解。成對的學生使用結構化的過程來思考、發言和傾聽，這造成他們對於正在傾聽的故事的個人和集體意義的形塑。這位幼兒園教師正在為這些小朋友們搭建重要的討論技巧，同時讓他們參與猜測。我們的觀點是，這確實有資格當作是討論，這是一個由小組結構中的規範所構成的討論。

　　在本章中，我們關注討論小組，學生與學生討論的結構，這些可以促進學習和討論技巧的發展。想一想，Glass 女士幼兒園教室的描述。你認為以下哪個提問目的已經完成？（參見第 12 頁的圖 1.1，去回顧在教師重述與討論中提問的目的。）

　　•學生是否連接到先前的知識？是否建立自己的想法？

- 他們是否擴展或深化了他們的想法？
- 學生是否傾聽、理解和欣賞不同的觀點？
- 他們是否反思自己和他人的信仰？
- 學生是否具備可以參與群體工作的重要生活技能？

Glass 女士使用思考—配對—分享，學生回應開放式與預測性問題，完成了大部分目的，並讓所有學生互相交談與相互聆聽。她巧妙地運用「思考時間」，期望所有學生都能做出回應並準備回答，這有助於加強學生的參與度和學生思維。同時，結構本身可以幫助學生培養重要的社交技能（與同伴交談和傾聽）和認知技能（為他們做出預測和提供理由），這使他們能夠在整個小組環境中討論更嚴肅的問題。由於結構被反覆使用，而教師也刻意要求孩子注意對這些技能的使用，所以希望學生將這些技能轉移到其他課堂互動和課堂以外的情境中。

小組結構，例如：思考—配對—分享，對於讓學生投入並讓每個人負責準備對每個問題的回答時特別有用（Walsh & Sattes, 2005, 2011）。與傳統的課堂反應形式不同，傳統形式一次一位學生志願回答；結構化的小組形式有可能讓每個學生在課堂上與同學一起思考、發言、傾聽和協作——這些形式可以用於多種用途。教師經常使用它們來複習和檢查理解。我們在第 3 章中介紹了它們，作為在討論停滯時活化討論和啟動學生談話的方法。然而，當教師將這些結構與焦點問題結合使用時，許多結構也可以作為真正討論的「容器」，這些問題促使學生思考、加深理解並產生意義（超越只是回想）。在本章中，我們將介紹小組結構，鼓勵學生彼此交談（而不是與教師交談）；在懷疑和重視不同觀點的同時仔細聆聽彼此，並運用他們的知識加深理解。

那麼我們如何定義結構化的小組討論呢？我們將其視為一種情境；在此情境下，規範或定義明確的程序控制固定數量的學生互動，並支持焦點思考和刻意使用討論技巧的環境。雖然規範內容的選擇是任何小組結構特徵的最明顯區別，但其他結構特徵也會影響學生互動的特質和質量。這些包括組織

大小、組織成員、組織成員的角色和職責，以及組織基本規則。教師透過參考學習目標來制定關於規範和其他四個結構特徵——與學生的技能發展和討論態度傾向有關的內容學習目標與過程目標。

我們在本章中討論的小組結構首先在圖 4.2 中，於五個小組或組織方式中呈現，每個小組或組織方式代表一組討論技能。這五個組織方式是：

1. 發展問責制；
2. 透過靜默學會聆聽；
3. 學會欣賞多元觀點，加深對文本的理解；
4. 學會尊重相同與不同的意見，並且
5. 學會提問。

這些組織方式展示了我們三種技能（社交、認知和知識的使用）中，不同技能之間的相互作用。學生在參加紀律嚴明的小組討論時，必須從三種技能中汲取靈感；技能相互依存，相輔相成。

我們選擇了十六個小組結構，我們相信每個結構都可以用來提高學生的討論技巧。為了達到這個目的，教師必須非常有意識地將規範與教學目的相配合，並且非常透明地向學生透露對使用特定技能的期望。我們同意《讓思考變得可見》（*Making Thinking Visible*）作者的認為，重複和一致地使用特定選擇的規範將有助於學生發展和提高認知技能（Ritchhart, Church, & Morrison, 2011）；我們也相信這種方法可以發展社交和知識的使用技能。

圖 4.2 中的結構並不構成詳盡的列表，但它們發揚了各種教學目的，並幫助學生發展第 2 章中介紹的討論技巧。所有這些規範都使用提問來促進討論，並達到以下目的：

- 透過發言和傾聽夥伴形成的意義，來幫助學生學習和保留重要內容——進而澄清他們自己的想法。
- 向教師提供有關學生理解（或誤解）之訊息層級，以便教師有目的地

規劃後續步驟。

- 讓學生超越「記憶」認知階段並進行思考。
- 支持並提供討論所需的重要社交和認知技能練習。
- 建立對學生回應機會均等的期望。
- 保持體貼和安全的文化，幫助學生體驗真正無風險的課堂環境。

圖 4.2 討論技巧關係組織的守則

技能集錦和相關守則	社交技能	認知技能	知識使用技能
發展問責制 思考—配對—分享； 讀—寫—配對—分享	• 與同學交談（不僅僅是與教師） • 參與討論所以可以向他人學習 • 清楚地表達自己的想法 • 積極傾聽（如看著發言者並給予表示注意聆聽的肢體語言） • 準確地解釋另一名學生說什麼 • 補述他人想法，並詳細說明其他同學的評論	• 連結討論主題相關的先備知識（學術和個人兼而有之） • 提供理由和文本當證據，支持自己的觀點、看法 • 提出問題以澄清問題或歸納出夥伴看法的原因 • 有助於建構合作解決方案	• 從先前的學習獲取相關資訊，其他專業領域和校外資源 • 找出評論與主題或討論的問題的關聯；不會脫離主題 • 當被問到時，引用來自文本或其他來源當作證明
透過靜默學會聆聽 墨印思考； 思考圖繪製	• 沉默時思考別人評論的意思，並與自己的想法進行比較 • 明確表達自己的想法（一開始可以用寫作方式） • 補述他人想法，並詳細說明對同學的評論	• 確定自己與他人想法相似或相異之處 • 連結主題與先備知識 • 有助於建立協作解決方案	• 從先前的學習、其他內容和校外經驗，來獲取相關資訊 • 將評論或問題與主題做連結；不會脫離主題

（續）

技能集錦和相關守則	社交技能	認知技能	知識使用技能
學會欣賞多元觀點，加深對文本的理解 說些話； 最後一句話； 留最後一句話給我； 句子—片語—單字； 四格分享	• 與同學交談（不僅僅是教師） • 對不同於自己的想法持開放態度 • 補述他人想法，並詳細說明對同學的評論 • 以文明和尊重的態度看待不同意見 • 在同學之後使用沉默停下來思考說了什麼，比較一下自己的想法 • 參與討論所以可以向他人學習 • 清楚地表達自己的想法 • 詳細說話，所以他人可以看見自己的思考脈絡 • 釋義文本的部分內容	• 確定與自己想法相似與相異的地方 • 將先前知識與文本連結 • 提供理由和文字，支持自己的證據觀點看法 • 提出問題以澄清和更好地理解文本 • 詢問「假設」問題，鼓勵發散思維 • 當聽他人說明時停止判斷 • 從不同的方面推論發言者的想法，讓對話進入更深層次 • 為建立協作解決方案（或理解）做出貢獻	• 引用文字或其他來源的具體證據 • 將評論的主題或問題進行討論；不要脫離主題 • 從先前的學習和個人的經歷，繪製相關訊息
學會尊重相同與不同的意見 人物圖表；數據呈現法；圓桌討論法	• 與同學交談（不僅僅是和教師） • 參與討論，所以可以向他人學習 • 清楚地表達自己的想法 • 準確地解釋另一名學生說什麼 • 對不同於自己的這些	• 找自己與他人想法相似和相異之處 • 找出先前知識與討論的主題之關聯 • 分析和評估來自不同來源的訊息	• 引用訊息來源 • 評估訊息來源的可信度 • 找出評論與主題供討論的關聯性 • 使用學術詞彙和該學科的語言 • 從先前的學科學習領域，或是

（續）

技能集錦和 相關守則	社交技能	認知技能	知識使用技能
	想法持開放態度 • 以文明態度看待不同意見	• 提供理由和文字支持自己觀點 • 詢問問題以確定發言者的假設 • 提出問題以澄清問題，歸納他人論點背後的思考脈絡 • 從不同的方面得出推論，讓對話更深入 • 當聽到新的解答或同學解釋時，暫停判斷	其他資訊來源，找出可用的相關訊息 • 反思和評估個人信仰或立場，是否影響在討論中所提出的意見 • 連接當前的社會、經濟或文化現象、學術內容，並與現階段討論重點
學會提問 觀察—思考—懷疑； 思考—困惑—深入瞭解； 智商配對； 提問圈	• 與同學及教師交談 • 清晰而大聲地說話，足以讓每個人都能聽到 • 清楚地表達自己的想法 • 在同學說明之後使用靜默來思考，並與自己的想法做比較 • 在添加額外的想法之前先等待 • 補述同學的說法，並詳細說明對其的瞭解	• 提出問題以澄清，並且更好地理解主題或文本 • 好奇時提問 • 提出問題以澄清問題與歸納出評論後面的思考脈絡 • 詢問「假設」問題，鼓勵發散思維 • 聽到新的解答與同學想法時先停止判斷	• 找出先前知識與討論主題的關聯 • 從先備知識找出相關訊息 • 反思和評估個人信仰或立場，是否影響在討論中提出的意見 • 找出評論、問題與主題的關聯性；不會脫離主題

　　使用小組結構的另一個好處是教師監督和指導個人與團體的機會。當教師在教室裡走動，聆聽學生對話時，他們可以透過發表評論和使用第 3 章中描述的其他鷹架來提供現場輔導。此外，教師可以形成性地評估學生對內容的理解和他們討論技能的使用，記筆記，以便之後給學生反饋，並規劃後續步驟。

　　結構化小組的使用，還允許在需要時靈活地進行差異化。例如：教師可以指定不同的閱讀段落以匹配不同學生群體的閱讀水平；提前計畫與需要加強內容輔導的學生一起工作；或者讓那些掌握了核心知識和技能的學生參與更開放的，以學生為主導的討論，以深入思考。

從配對開始：建立問責制發言

　　本章開頭的場景演示了在幼兒園教室中使用思考—配對—分享，但這種小組結構可用於任何年級或學科領域。它有助於學生在處理與理解來自文本、教師講課、影片或問題的訊息，也很適合與正在學習如何討論的學生一起使用。一旦學生理解了思考—配對—分享，他們就會知道這些例行步驟包括靜靜地思考他們自己的答案，並且在教師的提示下，與合作夥伴分享他們的回答。他們學會承擔責任、思考自己的答案，並在與同學交談時清楚地表達自己的想法。此外，他們學會在他們的夥伴講話時傾聽，並在教師的指導下提出問題，以便他們充分理解夥伴的看法。在許多教室中，這種新的互動方式是一個很大的不同。從傳統的教室情況來看，教師完成多數的說話和提問。要成功使用思考—配對—分享，教師需要奠定基礎。

　　考慮一下 Glass 女士如何在本章開啓的場景之前，建立成功的配對談話。在學年初，當她開始使用思考—配對—分享時，她想到如何讓學生兩兩一組。她需要異質的學術配對和相同的性別，這樣幼兒園孩子就會覺得與他們的夥伴說話很舒服。她根據閱讀和英語語言的表現製作了一份學生名單，並將來自表現三分之一強的女孩與一名表現中等的女孩配對。她將一個表現中等的男孩與一個表現較差的男孩配對。

　　在 Glass 女士早期使用思考－配對－分享時，爲了建立學生承擔說話和聆聽的責任，她將每對學生編成一對「1」或「2」。在提出問題並留出時間給所有人思考後，她提示 1 號學生們說話，允許思考時間，然後發訊號通知 2 號學生們發言，確保每個學生都有機會表達觀點。爲了加強聆聽理解，她在整個小組討論期間呼籲學生分享他們的合作夥伴所說的話。經過幾個月的這個鷹架，學生們進階到一起說話（而不是輪流說話）。他們學會了說話和傾聽——這是學校內外在討論時的兩種基本社交技巧。

　　在 Glass 女士多次向學生閱讀這本書以便他們理解情節和人物，並且對行動發生的歷史時期有足夠的背景知識後，可能會進行一個簡短由教師帶領的討論。但對於當下的訊息處理，Glass 女士提出的問題不只一個正確的答案，並確保她的問題需要思考。在這些兩人小組中，就像在課堂上的教師問題之後的例行程序一樣，每個學生都充分參與：聆聽和發言。

　　你可能還記得，Glass 女士要求她的學生每次成對交談都要站著。也許你想知道，「爲什麼讓他們站起來？這不需要花費很多時間嗎？」Glass 女士的理由是，幼兒園的孩子喜歡動，而且不斷變化的身體活動爲他們的能量提供了一個出路。此外，她發現，當孩子站立時，她能夠傾聽他們的談話而不必跪下，並在她從一對移動到另一對時重新站起來。因此，將身體活動納入思考－配對－分享是一個雙贏的解決方案。

　　教師知道在閱讀一本書時經常停下來這很重要，這樣他們就可以提出問題來幫助學生做出預測，想一下接下來的故事，理解人物和情節線條，並使其具有個人意義。但是，如果這些問題只引起一名學生的反應——傳統課堂的情況就是如此，其中複誦法是主要的提問格式——並非每個學生都能形成或提供回應。此外，教師不知道大多數學生如何思考和理解，學生錯過了透過放聲反思和傾聽他人來形成自己意義的機會。配對討論（從思考－配對－分享開始）對於在大型團體討論中游刃有餘，是至關重要的。

　　思考－配對－分享可以根據更高年級學生的需求進行調整。例如：在閱讀－寫作－配對－分享中，每個學生從文本中讀取一段短文，思考教師提出與文本相關的問題，反思並寫出回覆，與夥伴兩兩一組進行討論和比較

想法，然後進入較大團體分享回應。這是大型團體討論——或者進一步寫作——一個很好的前奏，這個機會可以在他們向更大的團體進行語言表達或發表論文之前，「充實」學生的想法。如果學生是異質配對的，這樣的策略可以確保學生可更加理解這段文章（透過傾聽合作夥伴的意見），並準備好爲小組討論貢獻他們最好的想法。

學會透過靜默仔細聆聽

　　一些小組規範在「討論」之初使用靜默。我們將描述兩個這樣的規則。兩者都幫助學生提高至少兩種社交技能：(1) 傾聽同學（透過靜默思考同學的反應，並將其與自己的思維進行比較）和 (2) 合作（透過補述說明同學想法和詳細闡述同學的評論）。

　　在第 1 章中，將問題和回答後的刻意靜默的短暫時期稱爲「思考時間」。一個重新培養課堂文化來支持深思熟慮之討論的必要部分，是採用以下規範：

> 在討論中使用靜默來處理別人所說的話，重新思考自己的立場，
> 鞏固思考。

　　研究報告中提到持續使用思考時間 1 和 2 的幾個好處：更多學生回答問題；學生的反應內容更長、更周到；學生的認知水平較高；以及學生可以提出更多問題（Rowe, 1986）。所有這些成果對高產能的討論都很有價值。在思考時間，發言者可以不間斷地完成他們的回答，聆聽者可以處理所說的內容，並考慮他們是否同意，以及爲什麼。

　　我們主張教學生「思考時間的內容、原因和方式」，以便學生瞭解如何有效地利用這些靜默時刻（Walsh & Sattes, 2011）。我們瞭解到，沒有學生的參與和承諾，思考時間就無法完成。教師和學生都會發現在某人回應（思考時間 2）的暫停，特別是難以學習和持續使用時。這兩種規範有助於學生理解靜默對於深層思考的價值。與這些規範相關的靜默，超過了常見的 3-5

秒的思考時間好幾分鐘。這兩個規範都以靜默的想法開始，讓學生參與三個基本任務：根據提示或問題產生想法，將想法分類到類別中，並用一到三個字的標籤分類。

墨印思考

墨印思考（Ink Think）幾乎適用於任何學科領域：科學、數學、英語語言、社會研究、藝術、音樂或外語。學生通常會審查並默默地記錄他們對一個或多個問題的看法。他們在一張大紙（在牆上、桌子或書桌上）面前，成群聚集並記錄他們的想法。他們默默地這樣做──沒有說話──他們在閱讀彼此的想法並以此為基礎。他們的「心智圖」在他們加入自己想法時，顯示了思想之間的聯繫。在某些情況下，有多個問題，小組進入下一站，閱讀第一組的寫作，用打勾或加號（「我同意」）或問號（「我不知道這個」）標記想法，然後添加他們自己的想法。靜默似乎可以促進學生聆聽理解，這是想法生成的階段。他們回到他們原來的位置，學生可以互相交談，回顧這些想法，並將它們分為好幾種主要概念（分類階段）。最後，他們一起命名每個群集。生成／排序／命名是一個有用的模組，學生可以使用它來協作思考以回應提示。

Stevenson 女士的一年級課程（PS 208, Brooklyn, NY）使用墨印思考來產生想法（沒有分組和命名），以幫助學生更深入地探索三個數學概念：更高、更短、更長。教師在互動式白板上發布了這個問題（「你如何能證明更長？更短？更高？」），以及墨印思考的指示。有些學生畫了畫，說明他們對概念的理解；其他學生則寫文字或例子。當學生與班上其他人分享時，學生們為他們的工作感到驕傲！

在一個更複雜的應用中，想像一下中學社會研究課，其中重點是學習閱讀知識性文章，找出主要論點與支持的要點，並總結閱讀內容（CCSS-ELA. RI.8.2）。該課程的內容重點是二十世紀 60 年代的美國民權運動。教師選擇了四篇有力的篇章──每個都有一個略微不同的觀點和重點──並為每個班

級成員分配了一篇閱讀內容。在學生完成閱讀後，他們會以書面形式單獨回答以下問題：

> 在你指定的閱讀中，作者有關這個國家民權運動的主要觀點是什麼？請具體點。準備好以所閱讀的文字來支持你的選擇。

在學生有時間單獨反思之後，他們聚集在一個由 4-6 名學生組成的小組中，每個學生都讀過相同的作業。每個學生都使用一個標記，在掛圖上靜靜地記錄他們從閱讀中獲得的主要想法。他們閱讀其他學生的想法，並在適當的時候透過添加示例或替代詞或概念來擴展它們。他們在類似的想法之間繪製虛線以顯示聯繫，從而創建一個可觀察的想法網絡。這部分的時間分配可以隨情況而不同。在這種情況下，教師允許 3-4 分鐘，因為閱讀是複雜的，學生們已經年紀夠大，可以積極地利用這種靜默（延長的「思考時間」）來進行深度思考並建立彼此的思想。

> 「學生在墨印思考期間對他們的學習負有主動責任，他們喜歡移動和他們可以同意或不同意其他人的回應。思考和學習的證據是看得到的，我喜歡這樣。總的來說，學生們非常善於接受。他們明白他們都需要時間思考。〔作為墨印思考的結果〕，我讓學生告訴別人他們需要等待，因為有些學生還在思考。在過去，學生有時試圖透過讓其他學生回答問題來度過這一天。今年，學生們在討論中作出回應；他們知道每個人都希望得到回應。」
>
> —— 來自德克薩斯州的 Cibolo 的 Wiederstein 小學三年級英語、閱讀和社會研究教師 Zimmerman 女士的反思

當教師說時間到了時，小組成員會回顧所寫的內容，以確定相關想法的

集群。學生在靜默時寫下的想法，在他們討論想法的關聯性時擴展成更大的概念。這些不同的想法組成為小組對所讀內容的結論。為了準備與整個班級共享，小組為每個類別的想法想稱號（一到三個單詞）。例如：一個小組聚集了他們的想法並創造了以下「大概念」：歧視、Jim Crow 法律、難以改變、學校隔離、公民不服從、警察暴力和投票權。

最後，當每個小組報告其閱讀段落的摘要時，學生會傾聽並單獨記錄他們從他們自己小組的閱讀中，發現的相似或不同的想法。這項活動為小組或大組討論產生養分，因為學生會考慮這樣的問題：大多數閱讀內容中出現了哪些主要觀點？有什麼想法對於某篇文章是獨特的？推測當其他作家沒有，而那位作者凸顯某個特定想法的原因。

上述程序的替代方案是讓學生重新組合以進行最後的共享步驟，每個新組合包括來自四個原始團隊中的至少一個學生代表。這些重新配置的組合從一個站移動到另一個站。每個學生在自己海報那站分享他們小組思維的總結。在每個小組輪流通過所有站之後，成員討論了幾篇閱讀中出現的想法，以及哪些想法對於哪一單篇閱讀是獨特的——並且他們推測為什麼。

當學生報告這種類型的學習經歷時，他們很容易看到與同伴學習的好處，而不是孤立地學習。他們認識到閱讀同一篇文章的學生可能會根據每個人從自己的經歷和信仰中得出的觀點，來看待不同的理解和見解（參見第 2 章第 31 頁的推理階梯）。學生們明白，當他們傾聽別人的想法時，他們的思想會提升。他們還深入瞭解靜默的價值，以此來擴展他們的想法和聆聽技巧。參與墨印思考可以提高學生對思考時間之好處的認識；靜默有助於他們更好地「傾聽」彼此；暫停一下去思考的行為，會延續到其他課堂討論中。

> 「只有少數學生在傳統的課堂投入問答。當我使用墨印思考時，他們都參與其中——他們感覺他們有機會和責任投入。有時我會把他們的墨印思考想法留下一兩個星期。學生可以隨意添加回覆。它會產生關於我們所談論的任何主題的對話。作為一名英語教師，我無法不強調溝通

的重要性，以及尊重和仔細的自我表達。墨印思考等策略有助於建立學生對學生和教師對學生的社群。它有助於自我反思和表達創造一個安全的避風港。重點是激勵學生更長時間地討論主題，更深入地探索，準備為課堂討論做出可行的貢獻。當一個學生意識到他或她自己的想法是強大的，然後感到足夠自在地說出他或她自己的聲音的魔力時，這是一件美好的事情。這就是使用這些策略的好處。」

——來自德克薩斯州的 Schertz 的 Clemens 高中英語語言教師 Carie Novikoff 的反思

思考圖繪製

網絡圖（另一種生成－分類－命名活動）最常用於單元的開頭，呈現先備知識或在內容單元的結尾作為複習。來看看三年級科學課的學生，如何嘗試為達成「傑出」的表現：為各種生物創建一種分類方法，並評估其結構適應特定環境的程度。

教師提出了第一個問題：生成一份生物清單。將每個示例寫在單獨的便利貼上。每個學生都會單獨地、默默地生成生物的名稱，並將每個單獨的想法清晰地寫在一個便利貼上。然後，在 4-6 名學生的小組中，他們默默地將他們的便利貼張貼在一張大紙上，以便回答以下問題：想像一下，你的小組負責建立一個分類系統——也就是類似的生物分類在一起，你如何將這些生物分門別類，為什麼？

當學生默默貼上自己的便利貼時，他們會閱讀他人的想法，並將他們分成相似的類別，在閱讀和反思他人便利貼時添加想法。在這段靜默期間的下一步，必會是出現了可以討論的問題（例如：「為什麼她將那個與這個分組？」、「這兩者是如何相關的——或者是他們有相關嗎？」）。當時間結束時，學生們在完成他們的分組想法時互相交談，挪動便利貼以形成大家都

同意的類別。他們必須討論對有關生物體分類，以達成共識。當他們這樣做時，可能會添加更多便利貼，以建立尚未呈現的類別。學生完成分類（或排序）步驟後，他們會為每個類別命名。

當在一個單元的開頭使用網絡圖時，如在這個例子中，教師瞭解學生現階段對該主題的理解（在這種情況下，生物類別——學生列出哺乳動物、爬行動物、魚類、鳥類、樹木、花朵和細菌？）。教師還瞭解學生的誤解之處（例如：學生是否忘記了主要類別，例如：人和植物？或者包括無生命的東西，如岩石、泥土和汽車？）。

學習欣賞多元觀點，深化對文本或其他媒體的理解

閱讀理解是所有科目學習的基礎。深刻理解涉及到對個人解讀，因為學生將他們已經知道的內容與他們正在閱讀的內容聯繫起來。最好的方法是讓讀者在彼此分享思想之前，在安靜的閱讀和反思期間有機會產生自己的解讀。與同學分享有兩個主要目的：個人對閱讀和思考的責任感，以及透過發言和聆聽來擴展學習的機會。Hammond 與 Nessel（2011）總結了 Vygotsky 關於思考、說話和學習之間關係的想法：「學習者必須說話才能學習：對教師說話、對彼此說話，也對自己說話。」（p. 20）

我們在本節中描述的五個規範鼓勵探索和理解文本；然而，它們之中的任何一個也可用於加深對視覺藝術或音樂作品、對科學實驗室實驗的結果、或數學問題或概念的理解。這些規範幫助學生有目的地閱讀，透過結構化過程討論文本，並學習這樣的見解延伸了每個學生的理解。研究報告指稱，閱讀能力好的讀者比閱讀能力差的讀者更容易從文本中擷取更多訊息；此外，他們選擇的訊息更有可能是教師視為的重點（Hammond & Nessel, 2011）。這項研究對於將學生分組為進行文本討論的架構，具有重要意義。看起來，透過閱讀能力進行異質分組可能會讓閱讀能力差的讀者深入瞭解文本，也就是那些他們憑藉自己可能無法快速掌握重點的文本內容。

說些話

說些話是一個簡單的配對活動，對幫助學生處理列表或閱讀量大的文本特別有用。兩兩一組，學生默默地閱讀指定的段落，然後轉向他們的合作夥伴，告訴他們所讀到的內容：他們從中得到的意義為何，他們從中產生的疑問是什麼，或者他們同意哪方面或不同意文本的哪方面。通常，在一次閱讀和配對分享後，教師邀請整個小組分享，詢問學生，「你聽到你的夥伴說了什麼？」和「你是同意還是不同意，為什麼？」

一旦學生學會了責任閱讀──知道他們需要閱讀理解，這樣他們就可以說出他們所讀到的內容──教師可以添加一個要求：找出文本中讓學生有疑問的地方。除了仔細聆聽之外，還鼓勵合作夥伴互相詢問，「段落的哪一部分讓你想到這一點？」或「文本中的什麼導致你得出結論？」簡而言之，這種結構可以幫助建立重要的積極傾聽技巧，提出問題以更好地理解發言者的觀點，並鼓勵同儕為他們的評論找出文本證據。

一旦學生學習了閱讀的基礎知識並轉而談論一個段落的意義，那麼這個階段就可以進行討論。在每個學生說了自己想法後，這對學生討論了共同的想法：我們是否理解文本在傳達什麼？我們理解詞彙嗎？文本是否支持這兩種想法（如果不同）？我們可以就這一閱讀（或詩歌、藝術品等）的摘要聲明達成一致嗎？

最後一句話

最後一句話是一個以文本為主的結構，有許多用途，其中包括建構以下學生技能：(1) 閱讀理解和 (2) 學習欣賞從單一閱讀段落中產生的不同觀點。國家學校改革學院（National School Reform Faculty）的這個規範（http://www.nsrfharmony.org/free-resources/protocols/text）也有助於培養 (3) 詳盡發言和使思維可見的技能，(4) 重新釋義文本，以及 (5) 確保機會均等的參與。聆聽技巧得到加強，當學生 (6) 刻意使用靜默（一次只有一個學生說話）來比較自己的想法和發言者的想法。這些規範要成功必須：

- 提前閱讀：閱讀一篇文章，找到值得討論的兩到三個重要思想。
- 以 3-5 人為一組（4 個人最好），坐下以便所有人都可以看到和聽到其他人，選擇一個輔導員（以確保大家都忠於規範）和一個計時員（提醒發言者時間）。
- 在遵守規範的原則下，當一個人發言時，其他人都在傾聽。沒有來回討論，也沒有打斷發言者。所有人都認真傾聽。
- 志願發言者首先介紹一個想法，並指出其在文本中的位置。發言者有 2 分鐘的時間來討論這個想法 —— 解釋為什麼他或她認為這很重要，同意或不同意作者，或提出與該想法有關的問題。
- 反過來，每個其他小組成員都會在不超過 1 分鐘的時間內，對發言人的想法進行評論 —— 添加、澄清、提出不同的觀點等。
- 當所有人都提出這個想法時，最初的發言者有至多 1 分鐘的時間用於「最後一句話」。這是發言者澄清他對他所介紹內容之想法的機會。
- 反過來，每個小組成員在其他人討論時，介紹一個想法、發言和傾聽。

　　這個規範最厲害的結果是在一個主題上，產生不同的觀點。因為一次只有一個人說話，而且小組中的其他人應該在他們的時間來到時做出回應，所有學生都可能會傾聽並比較所說的和他們的想法。雖然與最後一句話相關的規範起初可能看起來不自然，但其好處超過了最初的不適應。

留最後一句話給我

　　留最後一句話給我與最後一句話類似，只做了一些修改：第一個志願者在閱讀文本時提供了一個他或她覺得有趣的想法，指向文本中摘錄所在的位置並大聲朗讀給同學，此時學生不會對選擇進行評論，但會聽其他小組成員輪流談論這個想法。說話的時間限制是可調整的，取決於組成班上的分子。在其他小組成員發言之後，給予「最後一句話」的機會傳遞給該想法的發起者。這名學生將其他人所說的內容融入到他或她的思想中。反過來，使用相

基於文本的規範有什麼價值？

以下是使用「最後一句話」參與小組共享的參與者的回饋例子：

- 「每個人都能平等參與；沒有人可以主導小組的討論。」
- 「每個人都聽我說話！」
- 「我通常不想在小組中說什麼，所以我很緊張。但是我做到了，每次說話都變得容易了。」
- 「我終於說完了一個沒有被打斷的想法。」
- 「我認為我說不了太多，但我做到了。」
- 「它會讓你思考；你必須想想自己的想法——所以，你才可以說出來。」
- 「每個人都非常尊重他人。靜默有助於我們所有人關注並專注於某人所說的話。靜默很難，但它可以讓你聆聽他人。」

同的規範，其他小組成員從文本中介紹一個想法。

　　所有這三個規範——說些話、最後一句話，以及留最後一句話給我——可以確保一次一位學生說話。某位教師評論到「教室中的聲音有一種能量，讓我知道學生正在互相傾聽並思考。我喜歡它！」

四格分享

　　四格分享是另一個小組結構，使學生能夠從別人的角度學習。學生透過閱讀一篇文章，並撰寫主要想法的簡短摘要來做好準備。然後，他們按照教師的指示組成 4 人小組。一次一個，學生與其他小組成員分享他們的摘要。每個學生說話，其他人聆聽並記筆記。在所有小組成員分享之後，他們進行簡短的討論，尋找整個小組的共同想法，以及之前未提及的相關想法。最後，每個學生單獨撰寫一個或兩個句子的摘要，從其他學生處擷取靈感。教師可以蒐集每個學生的作品，來獲得與三個重要技能相關的有價值的形成性

反饋：學生如何獨立地理解這段文章，傾聽並相互理解，並將其他人的想法納入他們自己的想法形成最後總結。

四格分享的例子

Marrotta 女士的二年級學生，紐約的史坦頓島（Staten Island）的 PS 39 學校，閱讀了一篇關於帝國大廈建設和另一篇關於紐約市橋梁的文章。他們每個人都在文章的左上角寫下了他們閱讀的摘要，與他們小組中的其他人分享（因為聆聽者在他們的文章的四個角落之一做了筆記），並討論了他們每個人從該段落中和彼此身上學到的東西。在分享和討論之後，每個學生分別寫下第二個摘要（在頁面中間的方框中）並將其上交給教師。教師與我們分享了兩個例子，很明顯學生們仔細聆聽了其他小組成員所說的話。其中一位學生在最後的總結中，包含了其他學生總結中的許多例子。在另一個例子中，小組討論使學生能夠更好地理解該段落的主要思想。他最初認為這段文章是關於紐約特定的隧道和橋梁。在聽取了其他學生的總結後，他理解這篇文章是關於橋梁和隧道在連接城市自治區的重要性。

句子—片語—單字

另一個支持有意義的結構化小組討論的規範是句子—片語—單字，在《讓思考變得可見》（*Making Thinking Visible*）一書中被提及到（Ritchhart et al., 2011）。當學生閱讀指定的文本時，他們會辨識主旨。當他們完成時，他們會記錄或標示三件事：(1) 對段落意義重要的句子；(2) 對他們而言有意義的片語；(3) 在段落中似乎特別有力的一個字，用三點來做摘要，或節錄出主旨。學生們 4 個人一組。小組輔導員要求一個學生分享他或她選擇的句子，指出在該段落中可以找到的位置，並解釋為什麼選擇該特定句子。其他小組成員在他們的文本中閱讀該句子，並將其（默默地）與他們自己的

選擇進行比較。重複此過程,直到所有四個小組成員共享一個句子。然後小組輔導員帶領小組討論這些問題:這些句子有什麼共通點?如果有的話,共同點是什麼?哪一個句子最能說明這段文章的涵義?經過討論,教師可以要求每個小組就最能體現該段落意思的句子達成共識,並讓小組記錄員在紙上寫下來與其他同學分享。學生使用相同的過程來分享他們的片語和單字,以及在每一輪分享之後進行討論。最後,該小組回顧其閱讀和提問,我們是否錯過了這篇閱讀的任何主要觀點?我們想要在我們的討論摘要中,添加單詞或短語至摘要裡嗎?

學會尊重不一樣觀點

如果學生們不知道如何妥貼地表達不同意的觀點,那麼這3人小組就無法達成協議。而人物圖表、數據和表格,則已幫助他們看到並尊重不同的合法觀點。這些都是可以促進有爭議的問題,進行小組討論之策略。他們還可以讓學生為整個小組的討論做好準備,如第3章中的人物圖表所示。此外,這些協議還具有重要的認知技能用以辨識他們自己的想法和其他人之間相同點和不同點,以及提出問題來確定發言者的假設,並學會引用可靠的訊息來源來捍衛自己的觀點。第2章介紹的推理階梯,可能有助於參加這些協議之前或之後學生分享。

人物圖表

在人物圖表中,教師發布了一個有爭議的聲明,並且在個人反思之後,要求學生在「站立」成一條連續線上,從房間的一端延伸到另一端;一端是強烈同意,另一端則是非常不同意。學生可以站在兩端或沿線的某個地方,代表他們的意見。第3章描述如何使用這個協議作為教師指導討論的開場,但它也是小組討論的良好過程。例如:想像張貼以下問題:

在二十世紀40年代、50年代和60年代,美國採用了草案填補未

由志願者填補的武裝部隊職位。該草案於 1973 年結束；今天的軍隊是一個全志願者服務。你呢？相信這是個好主意嗎？

如果絕對同意的話，站在行列的末尾表示「非常同意」，同意志願役是軍隊募兵的最佳方式；若在另一端則為「非常不同意」，並認為草案是徵兵的最佳方式。之後學生沿著數線中間任何地方移動，以顯示他們在「非常同意」與「非常不同意」的兩端之間。準備好解釋與捍衛自己的立場。

學生們「站了起來」後，他們聚集了 3-4 名學生在人物圖表上靠近他們並闡明原因立場，準備與更大的團體分享和討論。之後小組有足夠的時間來記錄和解釋他們的立場，教師要求幾個小組與全班同學分享。在這時不與其立即進入討論，每個聽證組聚在一起共同確定 (1) 他們想對發言組提出的問題，以及 (2) 他們希望找到可能支持或反對發言組的數據的立場。

這時候教師有機會根據學生們的立場所建立在假設和意見而非事實進行研究，並提出與學生相背之問題。研究問題以支持或反駁自己的觀點和其他人的立場，以幫助學生瞭解大多數人所陳述的多元觀點，人們可以透過傾聽他人來學習。留時間讓學生研究他們的問題，以便班級成員做好準備對該主題進行深入討論（可能在第二天）。

數據呈現法

可以幫助學生理解和欣賞不同觀點的第二種協議是顯示的數據。教師創建四到五個陳述，以便學生可以同意或不同意。學生個人默默地閱讀每個陳述，並對自己的同意程度進行評分，從 100%（非常同意）到 50%（同意和不同意）到 0%（強烈不同意）。然後，使用便利貼（見圖 4.3），學生創建條形圖顯示他們在多大程度上同意每個陳述。學生們獨自默默地查看發布的結果，以表達個人意見：什麼讓我感到驚訝？這些數據對我引發了什麼問題？我看到什麼模式？我可以從這些數據中推斷出什麼？我可以得出什麼結論？在小組裡，學生分享他們的一些結論和問題。個人反思和排名，然後進

行小組討論，使他們為教師指導的討論做好準備（例如：魚缸討論法或全班討論）。

顯示的數據可幫助學生查看和理解不同的觀點。試圖將條形圖理解為小組數據會阻止個人「深入研究」，並爭論自己的觀點。這個過程幾乎總是使人們對初始陳述中使用的詞彙有更深入的瞭解、意見之間分歧的陰影，以及分享的價值想法和備份觀點。

以第 3 章中有關 Roosevelt 在日本轟炸珍珠港後決定結束美國孤立主義的決定為基礎，想像一下，要求學生考慮當今美國在世界衝突中的作用，並回答他們在多大程度上同意圖 4.3 中的問題。

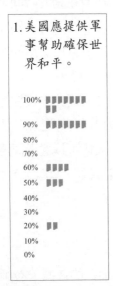

圖 4.3 顯示條形圖上的樣本數據

圓桌討論法

在圓桌討論法中，小組的學生傾聽、提問和辯護在他們調查了一個主題或想法之後，使用其中任何一個的不同觀點在線上研究或完成教師建議的閱讀。Jackie 為教室創建了圓桌討論法，是對大團體的世界咖啡館結構的修改

（Brown & Isaacs, 2005）。

作為準備圓桌討論法過程的一部分，教師創建四個關於共同主題或閱讀的討論問題。這些問題應該是真實的、高度興趣的，並且喚起多種可能的回答。他們應該盡可能地關注學生的興趣和經驗。每個學生將收到所有四個問題，在進行討論之前，應該有一些安靜的時間來思考他們對這四個問題的看法。

房間設有四張桌子（或書桌組），因此 5-7 位學生們可以聚在一起。每張桌子的表面都是「桌布」——一張畫架紙或項目紙——學生可以在上面書寫或畫畫。所有學生都應該使用蠟筆或標記，來記錄他們個別認為是討論核心的想法。

教師將學生分配到四個表格之中的一個，其中一個問題是思考和討論的焦點。教師指定每桌的一名學生，擔任「桌主」或討論主持人。當學生在圓桌中討論問題時，他們會互相聽取意見，並透過口頭同意、尊重不同意或補充問題和見解來擴大彼此的想法，進而為討論做出貢獻。每個學生使用標記（或其他書寫工具）來記錄關鍵想法，新興的思想或想法。鼓勵學生使用文字、圖形和視覺顯示，來表示他們的想法。與許多小組結構不同，圓桌討論法並不要求小組記錄員，而是邀請每個學生以書面形式提出關鍵想法，提供將來到他們的桌子的「訪客」考慮。

當教師提醒時間時，學生站起來並移動到另一張桌子，除了作為「桌主」的個人外。這些學生留下來與新來者分享第一組的想法。當學生們改變桌子時，教師鼓勵他們說，「試著與大多數新來者坐在一起；避免與最初相同的人坐在一起」，進而形成不同的分組。如果有派系問題，教師可以創造移動卡片指示每個學生在每次討論時加入特定的桌子。當第二組聚集在一張桌子旁時，桌主透過分享已經提出的要點來啟動該小組，該小組繼續討論這個問題，帶著先前的評論並添加他們自己的新想法。又提醒兩次移動，給每個學生有機會討論這四個問題中的每一個。然後學生回到他們原來的桌子與問題，對其中主要思想進行分類，並準備與整個小組分享這些思想。

圓桌討論法簡易規範

在參加圓桌討論法時，你們每個人都有機會與一群不同的同學討論四個問題。這是圓桌討論法的工作方式：

1. 回顧你的講義上的四個問題。花一些時間讀通它們、思考它們，並記下一些回應，如此你將可以與小組同學討論每個問題了。

2. 在指定的桌次中開始對話。回答的問題需與你的桌次號碼相匹配。

   a. 你小組中的一個人將擔任「桌主」。這個人將督促你的小組談話——試圖確保你解決與主題相關的所有問題，並且所有參與者都參與其中。

   b. 當你傾聽和交談時，每個人都被邀請記下（或說明）你對這個主題的重要想法或問題——為下一個訪問你的桌次者留下東西。

   c. 你的教師會在 4-5 分鐘後提醒，每個人都將移動到另一張桌子。

3. 當你移動到第二桌時，嘗試不再和你的原來組別中的兩、三個學生同組。這個想法是在討論期間與最多的同學進行對話。

4. 隨著新一輪的開始，請遵循與＃1 中相同的協議，並注意以下幾點：

   a. 在每次新的一輪中，桌主將總結先前小組的想法，並留時間讓「新」小組閱讀先前幾組留下的評論，以激發你的想法。

   b. 在小組討論期間，請務必添加你的評論到「桌次」中。

5. 經過四輪談話後，回到你的初始桌子。

   a. 桌主／協調員將帶領小組審查所有人已添加的評論。

   b. 最後，桌主將帶領小組討論在圓桌討論過程中獲得的見解。

🧠學會提問

討論在很多方面與背誦不同。學生必須發展一項重要的認知技能，以便參與問題的討論。在傳統教室，背誦是其中主要的提問形式，教師幾乎問了

所有的問題。學生們將學習這門課程很好的行為：學生回答問題；他們不問問題。是的，少數學生似乎總是在提問，但對於大多數情況下，學校的經驗涉及回答（而不是問）問題。事實上，學校觀察員很少會記錄學生提出基本內容的問題。我們挑戰你錄音一堂課，並計算教師和學生的問題數量。誰問更多？我們希望你不適合「模式」，但在許多教室裡，學生的問題很少見。

提問是學習的關鍵。它是支持討論的社交、認知與知識使用技能的一部分。因為它不是一種學生通常在學校使用或練習的技能，提問的技巧可能是最難教的。提出問題需要真正的學生參與。當學生對內容提出疑問，顯示困惑或公開懷疑時，我們知道他們正在思考。

協助學生提出問題的關鍵，是幫助他們理解「學校型」問題與「真實問題」之間的區別。學校型問題的示例是澄清和程序問題，譬如我們該怎麼辦？以及在不知道距離的情況下，如何解決這個問題？這些問題是必要和常常出現的，但它們不是真正的問題。一個真正的問題源於真正的好奇心。

學生在學校習慣聽到或者問的大多數問題中，都沒有涵蓋好奇心的特質。例如：如果教師要求學生根據一段文字、一個數學問題或藝術作品來寫問題，學生很可能會寫下這樣的問題：這些行星的名字是什麼？什麼是光合作用？這張照片中的主要顏色是什麼？什麼引發了革命戰爭？誰是這本書中的主角？早先發生了什麼事？在預測電影可能的內容（或書）中，森林之後發生了什麼事？這些是針對那些可能已經知道答案的學生的問題。檢查這樣的問題是否可理解，但並無法引起好奇。

真正的問題會引起學生對此問題感到疑惑或令人費解，學生心中沒有思考過，甚至也沒有答案。這些問題應類似如下：

- 我想知道這個故事是否部分為自傳式的。作者有一個孤獨的童年嗎？看起來他非常瞭解窮人和孤兒的感覺。
- 您認為創辦人的動機是什麼？我的意思是，他們不想向英格蘭納稅。但是，多年後，我們在這裡向我們的政府納稅。有什麼不同？
- 我不明白為什麼，當我將整數相乘時，得到的數字更大。但是當我

將分數相乘時，得到的數字會變小。它似乎是倒退了——它應該是除法，而不是乘法。

請注意，問題不一定以問號結尾。但是所有這些「問題」都是學生思考的跡象——以及他們想知道的或理解看似矛盾的事情。

我們描述的四個協議，可以讓學生練習提出問題。它們在這裡呈現，以減少對教師支持的需求。一旦學生掌握了技能，問題就很容易解決，這些協議中內置的鷹架就可以減少使用，因為問題將成為課堂中自然而有價值的一部分。

觀察、思考、懷疑（STW）

《讓思考變得可見》的思考程序之一——觀察、思考、懷疑，是幫助學生學習提出真實問題（Ritchhart et al., 2011）。首先，教師展示每個學生都可以看得清楚的圖像，留下足夠的時間（取決於圖像的複雜程度）讓所有人都看到它，並且問，「你看到了什麼？」讓較低年級和年齡較大的學生一起使用，就可以在整個課堂上完成，以便學生獲得反饋，以幫助他們瞭解所見與所看到的之間的差異。教師可以鼓勵學生們最初可能沒有提及的細節。教師可以記錄這些想法，這樣的作法可讓班級的所有人都可看到他們說了些什麼。練習後，學生可以在小組中工作或單獨記錄，並與合作夥伴共享。

其次，教師問學生，「你能想到什麼？」或者「你怎麼看待你所看到的？」在這裡，教師鼓勵學生猜測和解釋。當學生回應時，教師會讓他們專注於圖像，後續則提出問題，例如：「你看到什麼讓你這麼說？」與「圖像的這一部分會讓你想到什麼嗎？」最後，教師講完具體內容和學生對它的解釋後，教師問，「你對你所看到的是什麼感到驚訝？」或「什麼讓你好奇嗎？」疑惑和懷疑令學生想知道更多的東西，關於這些疑惑和懷疑應該連接到圖像或由圖像提示。

在學生學習了「觀察、思考、懷疑」（STW）歷程後，他們可以自我

管理組成兩個人、三個人或四個人之小組。教師不妨創建包含各種學習偏好的異質小組（例如：視覺、聽覺和人際關係），以便每個小組根據他們想法和疑惑之處表達不同的看法。

付諸行動——觀察—思考—懷疑

德克薩斯州 Schertz 市 Paschal 小學
四年級數學教師 Jennifer Oliver 分享

　　我正要教一個單元，用類似的分母分解分數。相關四年級數學「我可以」的德克薩斯州必備知識和技能（Texas Essential Knowledge and Skills, TEKS）課程標準如下：4.3 E：我可以加減具有相同分母的分數，使用對象、圖片、數線和數字。我選擇了「觀察—思考—懷疑」（STW）作為策略，因為我想知道我的學生記得添加什麼分數，如數線所示。我也想介紹觀察—思考—懷疑（See, Think, Wonder）給我的學生，可以作為分析複雜圖形的工具，包含在標準化數學測試中的單詞問題答案中。透過練習，我希望與同齡人一起使用過 STW 的學生，能夠開始自動地問自己：「我看到了什麼？」、「對於所見我怎麼想？」，以及「我對看到的內容有何疑問？」。

　　該班級最近去了當地的花園，進行關於平方英尺園藝課程的實地考察。他們需連結園藝數學和數組。我使用一張花園的彩色照片，詢問一個小組。問他們：「你看到什麼？」學生的答覆包括「一個花園」、「六平方英尺的園藝」、「一個格子」、「分隔方塊的字串」，依此類推。然後我問：「對你所見有什麼想法？」學生們回答說，「我認為這個人喜歡到花園，因為它維護得很好」和「我認為這可以養活一個家庭」。對於每個陳述，我都要求學生們聯想圖片，以提供證據。最後，我問：「你有什麼疑惑嗎？」並提供了一個「懷疑」之示例。學生們提出了一個問題：「附近還有其他花園嗎？」、「我想知道扔掉那個黑

桃的人是否拍過照片？」、「我想知道是否有一個家庭住在那個花園裡？」。

現在，學生已經瞭解了STW，他們已經準備好如何將之應用在數學的學習上和彼此交談。第二天，我給每個班級成員一條數線，例如：下面的數字。在紙上是三個問題：「你看到了什麼？」、「你如何看待你看到的？」，以及「你有什麼疑惑？」我讓他們分別看圖片，並回答三個問題。

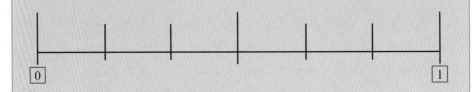

然後，我要求學生與夥伴分享他們對第一個問題的答案。在與合作夥伴交談時，我聽到了以下評論：「我看到一個數字」、「我在數線上看到八個空格」、「我看到數線分為八等分」、「我看到中點」、「我看到數字1和數字0之間有七條線」、「我看到九條線」。偷聽後，「我看到1／8、2／8、3／8、4／8，依此類推」，於是我提示：「你看到那些數字了嗎？」學生回答「否」。我建議，「好吧！讓我們暫緩你對看到和黏貼的內容的看法。你們現在所看到的。那是我們的下一步。」

然後，我要求學生在小組中分享他們對問題的回應，「你對所見有何看法？」以下是我在聆聽小組討論時，聽到的一些評論：「他們試圖瞭解介於0和1之間的許多空格。就像我們數學中的數線一樣。」、「那個數線被分成八等分」、「是的，但是只有七條線」、「我認為這與分數有關」、「我認為有人試圖在數線上記錄數據」、「我認為數線有八個部分」、「我認為1之後會有更多空格」、「像Jeff一樣，我認為這是分數」、「我認為它尚未完成，因為它會超過1」、「我認為有人會填寫它；這些線條看起來是空的」、「我認為中心線等於1/2」。

接下來，我希望他們提出問題。「這讓你感到好奇嗎？在小組中四處走動，每個人都得提出一個問題。記錄員應記錄有關問題的筆記。」當我四處走動和聆聽時，聽到以下內容：「我想知道這是否應該做我的作業？」、「我想知道數字是否適合數線？」、「為什麼只有七分之八而不是八分之八？」、「我想知道我們是否可以使用此數線添加分數」、「我想知道數字是分數還是乘法問題」、「我想知道數線上可以使用哪種分數」、「我想知道它是否會在數線上分解」。

我告訴他們：「你有很多很好的問題——其中有幾個你們已納入了學習目標！」我停下來繼續說。「讓我們把其中的一題疑惑來試試看，看看你們是否能在自己的群組中找到解決之道：『我想知道分數是否會在數線上。』作為一個小組，討論這個議題。推測。記住要為你的想法提供證據。」

在教室裡每張桌子都嗡嗡作響。每組很快就完成了，因為他們從聽別人說的想法得知在數線上有八個相等的部分。然後，我問另一個我想知道的事。我問說：「為什麼只有七分之八而不是八分之八？你可以在小組中解釋嗎？準備分享。」再次，那裡有嗡嗡聲，學生很容易就解決問題。

最後，我提出了一個問題供學生在小組中解決：就像我走來走去時聽到的一樣，我想知道如何使用此數線來證明此數學命題：$7/8 = 3/8 + 4/8$？同樣地，該班級的學生似乎很快地瞭解如何使用數線添加分數。

當我對這項活動進行反思時，我意識到這種結構會對將來的教學有所幫助。我計畫多次使用它，以便我的學生將它當成工具使用。這項工具是他們為選項作回應，思考數學概念問題和圖形化的工具。對於初次使用，我認為這種思考結構可以幫助我的學生提出一些重要的問題，然後他們提出了一些錯誤概念之問題，他們能夠與同齡一起討論。

思考—困惑—深入瞭解（TPE）

在《讓思考變得可見》（*Making Thinking Visible*）書中，流行另一種思維常規為思考—困惑—深入瞭解（TPE）（Ritchhart et al., 2011）。動詞「懷疑」和「難題」傳達了推動學習的實質性。思考—困惑—深入瞭解（TPE）類似於 KWL（你知道什麼？你想知道什麼？你學到了什麼？），這是傳統教學裡教師讓學生開始參與單元學習的方式。不幸的是，KWL 經常淪為學生提供教師問題的答案。學生提供的僅僅是確定的事實，然後嘗試猜測到底哪些是教師認為會對他們學習是很重要的。我們很少見過教室裡「你想知道什麼？」，以引領出真正的問題或學生的疑惑。

TPE 通常在課程或單元開始時用來引發學生興趣，以形成性地評估學生的知識和興趣，並識別錯誤之概念。有些教師將其用在其他地方來形成評估學生學習的方式。措辭上的差異產生了不同的結果：

- 「你認為你對 [給定的主題] 瞭解什麼？」允許學生有足夠的時間思考問題。他們能寫下自己的回應並與一小群人分享，或者以一大群人的方式回應彼此的想法。
- 「你對此有什麼疑問或難題？」第一次給學生使用時，你可以先帶領學生建模。例如：「我想知道_____」、「我對_____很好奇」和「我真的很想知道_____」。
- 「我們如何探索你發現的難題？」最後，學生可以就如何學習這種新知識提供一些意見，並透過思考可能解決他們的一些難題。「關於我們從 Andrew 的困惑中能學習更多，誰有想法？」

智商配對

智商配對使用簡單的配對結構，其中問題是預期結果（IQ = 洞察力 / 問題）。閱讀、引述、實驗、影片或數學問題，請每對學生就有關於這個話題

找出一個洞察力（他們學到的東西或「啊哈」經驗）和一個問題。當他們進行配對討論時，教師可以從多種選擇中進行選擇。一個非常簡單的過程是讓每對與他人融合，他們首先分享各自的見解，並指出其涵義。然後，每對提出自己的問題，討論為什麼這是一個難題，以及他們可能如何進行調查。然後，教師可以進行全班分享和討論。

提問圈

　　為了鼓勵學生提出問題，基於文本的協議稱為提問圈可能非常有用。與其他幾種協議一樣，學生閱讀共同的文本。這次，閱讀的結果是擬定兩到三個發人深省的思考，以及閱讀引發的真實問題或疑惑。對我來說，遵循類似於保存遺言的協議，每 4 人學生小組都指定一名協調員（以確保他們遵循協議）和一名計時員（以防止任何人壟斷討論）。在每個小組中，一次只有一個人發言。不鼓勵來回討論。志願者在文本中介紹其提出問題之處，以便小組中的其他人可以理解問題的背景。志願者閱讀文字，然後提出他或她的問題。反過來，小組中的每個成員都必須 (1) 使用和引用文本中的訊息，以及 (2) 根據閱讀中的先驗知識和訊息進行推測和推斷，以陳述他們從而得出的問題。當小組中的每個成員都回答了問題後，提出問題的人就會分享他或她對以前的評論及文本的相關部分的看法。第二個學生提出了一個問題，小組按照已制定的協議著手第二個問題。在時間允許的情況下，所有 4 個學生都將提問一個問題供小組思考。

　　既然你已經思考了一些有效的小組協議，我們邀請你們與我們一起思考如何使用它們。無庸置疑，各位應該選擇結構和相關協議無直接對應關係的策略。這些不僅僅是透過談話「吸引」學生的另一種方式。相反地，我們建議考慮教學目的和學生的發展級別，讓指導的教師決定要採用的小組結構和使用時間。確實，針對有計畫地使用結構化小組作有計畫的討論是其有效性的關鍵。接下來我們將使用上一章介紹過的五階段討論過程，來解決這個重要主題。

透過小組結構計畫進行富有成效的討論

討論過程的各個階段（請參見第 68 頁的圖 3.2）修改以創建組織者，以進行特定於結構化的決策和活動小組討論（見圖 4.4）。當要推展討論技巧時，概念圖會對如何決定組織小組以支持學生的「思維」會有所幫助。

開始準備

在上課之前進行的準備工作，包括以下教師任務：

分析學習目標。 學生能做些什麼實現這個目標？他們在哪裡發展必要的知識和技能？接下來的適當教學步驟是什麼？

針對特定的討論技巧。 學生在哪裡發展和使用社交技巧（發言、聆聽和協作）？什麼是他們需要學習和練習的認知技能？哪幾個是他們可以關注的適當技能領域？教師會選擇或推薦重點領域——或邀請小組選擇他們要關注的技能領域？（請參閱附錄 A，以全面瞭解技能討論。）

選擇一種結構以支持目標和技能。 選擇一個適合學生在學習週期中的學習。注意：請勿使用分組結構作為最終目標，以保持學生的忙碌和投入。確保他們是有目的的。

制定重點問題或任務。 圍繞一個學生將進行協作思考和交談的任務或問題構架，這個問題應該沒有一個正確的答案，應該讓學生超越基本記憶水平，要求他們表現出理解力（總結、預測、使用證據等）和其他更高層次的思維技巧。它也應該讓他們成對或在小組交談。

選擇文本以幫助學生為討論做準備。 如果討論的問題將集中在文本上，則教師需要為學生選擇合適的文本。閱讀可以在上課之前或上課時進行。文本應直接與內容標準或學習目標相關，並具有吸引力、發人深省，富有挑戰性。

確定小組的組成。 重要的決定沒有魔術子彈可用；而是取決於所選的協議及學生與他人交談時的舒適度和經驗。許多教師建立「家庭團體」，學生待在同一個群組四到六個星期，使學生彼此合作愉快；當學生已經是一個

1. 準備
- 分析學習目標
- 針對特定的討論技巧
- 選擇適合的目標與技能的結構
- 提出重點問題或任務
- 選擇文本以幫助學生為討論做準備
- 確定小組組成
- 確定小組人數

5. 反映
- 評估個人與集體使用焦點技巧的情況
- 反思小組結構，以深化學習

2. 開場
- 審核小組規範與準則
- 分享（或讓學生選擇）重點技能以進行討論
- 提出問題並給予任務指導

4. 結束
- 邀請群組分享
- 識別新出現或未回答的問題

3. 維持
- 提供視覺「線索」
- 監控學生對角色的使用，以促進有組織的小組活動
- 提供有關過程技能的回饋

圖 4.4 規劃小組討論的過程

職能小組的成員時，組織討論所需的時間會更少。學生有時可以離開他們的家庭團體，進入「興趣小組」工作——讀書俱樂部或文學界，教師有時也可以將他們混在一起，學生以編號形成隨機組。例如：有時教師會選擇隨機分組，因為協議（例如：結語）確保每個人都能公平地貢獻自己的力量。如果班級的閱讀能力是多元的，教師可能會故意創建異質小組以獲得能力和理解力的結合。在其他時間，將「談話者」分組在一起可幫助學生學習如何在許多人話多時，要說一個單詞有多困難。

　　同樣地，一個由「猶豫不決的說話者」組成的小組使成員瞭解，如果一個小組要運作良好，人人參與談話是很重要的。（關於教師如何組織討論小組的示例，請參見以下的故事。）

決定小組人數。選用的方案也會影響小組人數。例如：若教師在 25 人的班級中使用墨印思考，並提出了五個問題，則每個小組會有 5 名學生，即班級的五分之一人數。但是，如果教師希望學生使用此方案回答三個問題，教師可以為每個問題創建兩個小組，以使小組規模易於管理。

由於配對的功能很多，並且在多數教室中不但經常使用且用於各種目的，因此許多教師會從仔細配對學生以形成有效的 2 人小組開始。然後，在進行以文本為主的方案，或是方案本身需要較多的學生人數，以便產出多元回應時，他們即可確認哪幾對可能配合良好，並能快速形成 4 人小組。

「分而治之」分組策略

Kim Sidorowicz，七年級人文學科教師

紐約州，紐約市，Lower Manhattan 社區中學

在參加由 Jackie 與 Beth 主持的工作坊之後，再將班級分組以便在課堂環境中進行討論這方面，我得到了一些啟發。在回程火車上，我開始為課堂畫草圖。整個晚上我繼續思考該怎麼做是建立小組最好的方式。我在「融合式協同教學」（Integrated Co-Teaching, ICT）環境中教兩個七年級班人文學科。每個班級都有超過 30 名學生，各有不同的需求、個性和偏好的學習風格。要規劃分組以充分利用學生才能，並使所有學生能透過討論進行思考，我得考慮很多面向。

為配合班級人數，我將學生分成七個 4 人小組和一個 5 人小組。接著，我思考了在工作坊中用到的賦予小組角色的概念，為這些角色挑選最能勝任的學生。在圖 4.5，我說明了對於適合每個角色的學生的特質之看法。首先，我為每個小組選了 8 名學生擔任協調員。這些學生是組長，有足夠的自信在小組中發言，並且是優秀的閱讀者。接著，我找了 9 位計時／資料管理員（每組 2 位），每組 1 名問題／便利貼管理員，以及記錄員。

圖 4.5	小組討論角色分配的理想學生特質		
協調員／回報員 （角色#1）	計時／資料管理員 （角色#2）	問題／便利貼管理員（角色#3）	記錄員（角色#4）
• 被同儕視爲積極的領導者 • 有耐心 • 能鼓勵人 • 口齒清晰 • 有熱情且獨立的閱讀者	• 在時間管理方面需要幫助 • 缺乏在大團體中分享看法的自信 • 主要爲觸覺型學習者 • 僅在「被要求／告知」要閱讀時閱讀，或是很少在功課以外爲了樂趣而閱讀	• 經常問很多問題 • 閱讀能力符合其年級程度 • 喜歡排列物品／將物品排放整齊 • 在團體分享時自在程度不同	• 通常在課堂上很安靜，但喜歡寫作 • 筆記做得很好 • 閱讀能力符合或略低於其年級程度 • 在同學分享時自在程度不同

我按角色將學生聚集在一起，帶學生一起瀏覽他們的角色描述，並一起練習他們的工作職責。（請參閱『小組討論的角色分配』）一項特別「提醒」就是，計時員可以使用手機計時；除了他們，課堂上是不允許出現手機的。計時員特別喜歡的事，就是可以自己設定計時器鈴聲！時間在課堂中至關重要，因此我的計時員會覺得感受到自己的重要性。協調員能使小組討論進行順暢。他們會在需要時重複教師的指引，用「小孩聽得懂」的語言進一步解釋一連串的說明，並透過使小組專注於任務和主題來鼓勵小組成功。我的問題／便利貼管理員會將小組成員的提問寫在便利貼上。如果是需要立即回答的問題，他們會將便利貼高舉以表示需要教師的幫忙。反之，便利貼會被放在小組檔案夾中，以便我們稍後回答。記錄員會記錄對話流程，記下即時的討論重點，並回報給協調員。

小組討論的角色分配
七年級人文學科
Sidorowicz / Sinclair

#1 小組協調員 / 回報員
• 使小組成員專注在任務 / 主題上
• 開啓討論並協助結束討論
• 與小組中的每位成員交談，以確保小組中的所有聲音都被聽見
• 將小組討論的發現回報給大組

#2 計時 / 資料管理員
• 協助時間管理
• 幫每位小組成員發言計時
• 整理 / 分配所有要用的教材教具，並將其歸位（包括筆電、筆、紙等）
• 蒐集作品並將其放入適當的檔案夾或評分籃內

#3 問題 / 便利貼管理員
• 將小組可能遇到的任何問題寫在便利貼上
• 在小組或個人需要澄清疑問時向教師示意
• 閱讀所有的引導，並在需要時重述
• 在月底填寫「小組評分報告一覽表」

#4 記錄員
• 根據小組活動要求的格式記錄小組的回答（例如：記錄在紙本表格中）
• 根據需要做筆記
• 與協調員 / 回報員分享小組的發現

候補員：如果某個小組的成員缺席，則會需要候補員。Sidorowicz 教師和
　　　　Sinclair 教師會視需要任命候補員。

為了便於管理和引導，我分配每個組一個「方向名」：北、南、東、西、東北、西北、東南、西南。字母、動物名、或顏色，也有一樣的作用。如前面的描述，我給每個角色分配了一個編號。由於我經常依據閱讀能力的差異指派不同的閱讀材料，因此我會將閱讀材料標上 #1、#2 等編號來區別。此外，如果我希望學生脫離組別進行 2 人小組對話，我可以要求西北

組和西南組的 1-4 號進行配對。

我讓學生知道會在合作一個月之後，對小組進行評量。在這第一個月中，我對學生有許多新的認識，他們也從彼此身上學到新的策略。首先，信任和尊重的程度變得很高；沒有一個計時員嘗試使用手機上計時器以外的任何功能。本來工作產出較低的學生，也增加了 90% 以上的產出。他們對小組有責任感；協調員的鼓勵對於建立自信很有幫助，因而所有學生都能分享他們的看法。在這種小組組織的第一個月中，我們就已經看到時間管理和規劃方面的進步。協同教學教師和我認為，我們的學生都因此增加了信心、責任感、接納感、耐心和勤奮。學生們角色小組中聚在一起回想他們的成功經驗；所有學生都對小組的成功進行了匿名的回饋。絕大多數學生喜歡目前的分組方式，並認為他們能夠因此和以前長期沒有合作過的夥伴交談。

有趣的是，當學生在不同的分組工作時（例如：他們自己選擇的文學小圈圈活動），他們會想嘗試我們介紹過的角色。因此，孩子們可以嘗試成為協調員、計時員等。

對於初次嘗試將這樣的分組用於小組討論的結果，使我感到非常興奮。我喜歡聽到安靜的學生的聲音，他們現在已經在小組中分享他們的想法，已找到價值並獲得信心，最終把這些想法在大團體中分享。我相信這樣的方式是為那些通常保持安靜的學生，提供了更強的聲音。對於那些擁有更多主導性格的人來說，他們變得更加意識到分享時間的責任。這種討論模式之引入，提高了我們的整體課堂文化水平。

開場

決定打開結構化小組討論最佳方法的過程，類似於教師指導的討論過程。

審查小組規範與基本規則。 教師（或學生，以小組形式）會複習有關小

組討論的規範與基本規則。在以小組協作爲標準的課程中，此審核將會很快
進行。如果學生不熟悉如何一起學習這些學習方法，則將需要更多時間。首
先，介紹一些基本規則，並保持相同的學習模式數週，直到它們成爲一種可
以被學生接受的互動方式。最終，學生可以制定自己的基本規則。兩個不可
談判的人在回應和說話上是平等的，保持沉默是對思考和反思的尊重。當學
生制定基本規則時，他們將擁有這些基本規則，並且可能會進行自我監控和
自我糾正。

結構化小組討論的基本規則示例

請注意，這些基本規則涵蓋了第 1 章所述的三類規範：問題的目的、思
考時間、參與。

對於中小學

1. 認真聽取其他學生的意見。
2. 如果你無法理解別人說什麼時，提出問題。
3. 互相學習。
4. 確保每個人都做出貢獻。
5. 在講話之前與之後，都要花時間思考。
6. 當你好奇時，提出問題。

對於高國中生

1. 開放並尊重所有觀點。
2. 以開放的心態聆聽，並期望向他人學習。
3. 承擔每個小組成員積極和公平參與的責任。
4. 在提出想法之前，請確保你完全理解所說的話。
5. 在小組成員發言之前和之後留出思考時間。
6. 提出問題。

　　分享（或讓學生選擇）討論的重點技能。教師可能會在小組協議中，建議兩種或三種討論技巧。請注意特定結構鷹架的技能，將有助於學生在沒有協議幫助的情況下進行討論時，能牢記這些技能。教師可能會要求學生思索，什麼對他們而言是最重要的。在小組中分享他們的想法，向全班報告，並共同選擇要關注的兩、三個技能。最近，當在參觀教室時，我們聽到教師在介紹討論主題時說了以下內容：「現在記住。今天我們要確保每個人都有貢獻，我們都有足夠的時間思考，並且我們以別人的發言爲基礎。」此提醒有助於小組注意這些技巧之使用。當教師在監控學習時，教師可以爲個人提供指導性練習。

　　提出問題與給予任務指導。剛上課時，如果要使用協議，教師需要詳細解釋該過程；否則，教師應發布問題（和指示）並增加口頭指示和提醒。

鞏固學習

　　小組環境的結構，有助於維持學生的思維。學生習慣於遵循協議中，固有的步驟或常規。另外，由於教師無法始終與所有小組一起出席會議，因此學生必須承擔鞏固彼此思想與言語的責任。教師的作用是 (1) 在直接指導和教師指導的討論中，有意地對期望的行爲進行建模；(2) 提醒學生熟練使用小組流程的外觀和聲音，以及 (3) 提供支持、同時「監聽」，並監控學生的參與和對話。

　　提供視覺「線索」。教師可能想提供提示卡或張貼與目標討論技巧相關的樣本詞幹。有關如何鼓勵更深入思考，卡片可以提供想法（例如：「你能說更多嗎？」或「你能給我一個例子嗎？」）、如何尋求證據（例如：「我沒想到這樣。你能告訴我，你在文本中從何處得到這個想法嗎？」）、如何獲得隱藏在學生背後的思維（例如：「你怎麼說？」），或如何尊重對方（例如：「我對你的意思很感興趣。這與我的想法不同。我想聽你說更多關於你的想法。」）（請分別參見第 36、42 和 83 頁的圖 2.3、2.4 與 3.4 的提示與詞幹。）

　　監控學生對角色的使用，以促進有組織的小組活動。每個學生都應積極遵守小組基本規則，並進行富有成效的討論。如果小組確定領導者已促進他們的共同工作，這將有所幫助。（請參見七年級教師 Kim Sidorowicz 示例中的建議角色。）這些各種小組角色可以定期輪換——或教師可以決定將其維持四到六週。如果小組討論是新的課程學習，則教師可能希望指定角色，利用學生的長處和技能。在一個四年級的課程中，我們觀察到教師分配了三個角色：主持人、記錄員和報告者。她將主持人的角色交給了每個隊伍中最安靜的學生，也就是雖然有能力，但沒有被要求擔任主持人就不可能發言的同學。經過反思，教師對結果感到滿意：每個主持人都展現了他們的領導作用，對小組提出了問題，並且似乎贏得了信心。

　　提供有關過程技能的反饋。當教師監督小組的參與和討論時，他們可以注意到學生在使用有針對性的技能領域並提供反饋。以下是一些示例：

- 「當我聽到你問一個問題時，Carly，這讓我知道你在聆聽你的同學並思考他們在說什麼話。你正在模仿討論的重要技能：提問、聆聽、發言和思考。」
- 「你的主持人非常善於遵循規定。我沒看過你們兩個同時發言的任何情況。當輪到你發言時，這是如何影響你對於何時說、何時停的學習呢？」
- 「你還記得我們說過我們會尋找證據支持意見，而且我們會透過提問關於他人陳述的問題來澄清想法嗎？讓我們一起看看我最近無意中聽到的評論。當 Rick 說他認為最近在 Charleston 的謀殺事件是南加州（South Carolina）種族主義的呈現，而種族主義在這個國家很猖獗，你認為他所說的話意味著什麼？暗示了什麼？你同意還是不同意？為什麼？」

結語

邀請群組分享。學生參加了有組織的活動之後小組做討論，他們將有興趣總結自己的想法與分享它——並聽取其他小組的討論。這是做結語的三個方式：

1. **小組報告**。聽到每個小組有關重點、問題和結論的報告（取決於作業）。如果學生們在畫廊觀摩（gallery walk）時，可以張貼和檢視這些內容，學生已經使用了諸如墨印思考、網絡圖或句子—片語—單字之類的方式。或者，團體報告者可以進行口頭陳述，以分享重點、問題和結論（請參閱下面的示例範本，以記錄相似性和差異性）。

2. **魚缸討論法**。每組至少推派一名代表組成。外部小組中的一半同學將聽取並確定與小組討論的想法相似和不同的想法。另一半將聽取並注意目標討論技巧的證據，並回答以下問題：「我們瞭解並可以使用目標討論技巧的證據是什麼？有什麼證據說明我們可能需要在反饋的情況下繼續開展工作和實踐？」

3. **全組問題**。向一大群人提出問題並聽取個人的意見，最終以教師指導或學生主導的討論為結束，具體取決於學生的準備程度和技能水平，以及教學目的。

從小組分享中記錄想法的範本

當你聆聽小組報告時（在魚缸討論法或小組報告過程中），請使用此範本來找出討論模式。在第一欄中，請記錄與小組討論或創建內容類似的想法；在第二欄中，請記錄小組未產生或討論的想法；在第三欄中，請記錄你想瞭解更多或進一步討論的有趣想法。準備與你原來小組中其他人分享你的筆記，以得出結論。

與我們類似的想法	與我們不同的想法	可以提供進一步討論的有趣想法

發現新出現或未回答的問題。不論結語或分享是如何進行的，要注意與學習目標有關的問題。要求個人將其記錄在離開的通行證上，或請小組產出問題於便利貼上並繳交，以方便隔日作業。

反思

在結構化的小組討論結束時，教師可以提出問題，以幫助學生評估和反思討論：

評估個人和集體對焦點技巧的使用。偶爾要求學生評估與目標技能相關的個人和小組表現，並以書面形式提交這些評估會很有幫助。（請參閱第 83 頁上的圖 3.4）與大團體學生分享時，教師或學生可以記錄學生的「大概念」（big ideas），以便全班同學都能看到 (1) 該過程哪方面在吸引人投入，並有助於理解；(2) 妨礙學習的東西為何。或者，教師可以讓整個班級參與此問題的討論。

反思小組結構，以深化學習。要求學生反思在選定的小組結構中工作的經驗，以加深對內容的理解。這種後設認知任務將幫助他們更加意識到與他人合作學習的價值；它也可以幫助他們瞭解自己的學習偏好，該偏好可能已經或可能沒有在結構中使用。當學生開始負責自己的學習時，教師喜歡問一個問題，例如：「你建議我們下次可以如何更改或更改流程？」他們常常對學生如何適應過程的見解感到驚喜，也滿足他們的學習偏好。最後，作為對學習的形成性評估，請學生完成離開前之回饋：「由於你與小組成員的互動，你以什麼方式實現了我們的日常學習目標？」

關於結構化小組討論的結語

　　小組結構對於實現與內容相關的目標很有用。他們用講述式教學很難做到的方式，以積極讓學生參與有意義的理解和延伸學生的理解力。此外，這些結構支撐了許多對有效討論非常重要的社交、認知和使用知識的技能（以及支持性的態度）。

　　持續和策略性地使用選定的協議，使課堂文化與質量提問和深入討論相關聯。例如：當學生透過「思考—配對—分享」回答一個開放式問題時，他們並沒有試圖給教師「一個正確的答案」。學生可以自由地與同學談論該問題的話題；他們不期望或不會收到回應的評估。與大多數課堂提問交流相比，這種話語更加自然，因為教師的評估不會跟隨著每個學生的評論。而是，學生在一起交談、分享想法和自己的觀點，為自己的陳述提供理由，互相傾聽，並將他人的想法與自己的想法進行比較。這種簡單的結構開始在課堂上建立一種不同的交談方式。在這種交談方式中，學生彼此交談（而不僅僅是與教師交談），每個人都對自己的回答負責，對自己的話語周延思考（而不是急於尋找答案——「教師的答案」），並在聆聽時尊重對方在討論中的回答。

　　將學生組織成小組並不會神奇地導致文化轉變，提高討論技巧或增強學習能力。如果教師和學生要獲得小組討論相關的多種好處，則教師必須致力於使用本章介紹過的類似流程進行系統性的規劃。當教師選擇方案並就其他結構要素做出決定時，他們會增加在這些協作環境中進行強大的學生學習的可能性。此外，他們還為學生提供了機會，使他們能夠透過使用有紀律的討論，來承擔彼此之間學習的更多責任。

反思與聯繫

回顧結構化小組討論的五個類別。從你認為適合學生年齡和發展階段，以及所教內容的每個類別中，選擇一種討論方式。

你將如何向學生介紹每個已知的結構，以確保他們瞭解該結構所建構的討論技巧？

5

學生主導的討論
讓學生坐在駕駛座上

> 我們如何協助學生承擔起充分，而周延的討論責任？

在 Pugh 女士的十一年級 AP 英語課上（阿拉巴馬州 Dak Mountain 高中），學生們聚集在兩個同心圓中，討論他們已經讀完的那本書，即 Daniel Wallace 的《大魚》（*Big Fish*）。內圈在外圈聆聽時討論；然後他們交換了位置，給兩個小組一個討論的機會。內圈中的兩把空椅子允許外圈中的學生偶爾可以簡短地進入，以發表評論或提出問題。學生為了討論而有所準備，方法是從書中選擇與他們將要討論的一個問題有關的引言：神話和兩個主要角色，父親（Edward）和兒子（William）之間的關係。每個學生還至少提出了一個開放式問題。

Pugh 女士開始討論時提出了以下問題：神話英雄通常會尋求某種物件或某種知識。Edward 的追求是什麼？William 有任務嗎？然後，她進入外圈以進行觀看與提供協助（如果需要）。讓我們聽聽學生的開場白：

學生 #1：我引用的內容與問題有關。我認為 Edward 的追求，是將他在書中第 122 頁上列出的重要美德放入兒子身上。兒子 William 說：「他列出了自己擁有的美德，並希望將其傳遞給我：毅力、雄心、個性、樂觀、力量、智慧、想像力⋯⋯。突然，他看到了這是一個很大的機會 —— 我空手而歸的到來實際上是一種祝福。望著我的眼睛，他看到了極大的空虛，渴望被滿足。而這將是他作為父親的工作：填補我的空虛。」

學生 #2：我認爲 William 的追求是要瞭解他的父親。他的追求顯然是要與父親更加親近，因爲在臨終之際，他不斷地向他提問。「你是我的父親，而我除了你的神話外對你一無所知。」因此，我認爲整本書中，他的追求都是與父親建立關係。

學生 #3：你認爲 Edward 爲什麼總是講故事，而不給 William 直接回答有什麼意義？

學生 #4：他可能不會。〔暫停〕我猜他和兒子沒有關係。他一路以來都不在。他永遠不會在那裡。因此，也許這是他嘗試與他交談的方式，但這很尷尬。這些故事使事情變得更加尷尬。

學生 #5：有點像防禦機制。

學生 #3：他是在試圖建立聯繫，還是在試圖分開？〔經過更多的交談，外圈的學生坐在空椅子上提出了一個問題。〕

學生 #6：我從書中記得的一件事是，他們說一條大魚藉著不會被抓住而變成大魚。好吧！他的故事是一種不會被抓住的方式嗎？還是你認爲 William 正試圖抓住他？

學生們熱情洋溢。「好問題！」幾個學生說。他們坐得筆直，似乎有更多的活力；所有人都被激發去思考這個問題。他們若有所思地繼續討論父子之間的關係。這些故事是用來將它們組合在一起，還是分開？父親有沒有故意留住他們或分開？還是他正在尋找一種將它們組合在一起的方法？討論產生了對故事，以及他們自己生活的見解，如果他們僅閱讀本書，而不進行討

論以相互學習，這是不可能的。

班上的學生在教師的指導下，學會了對自己的討論負責。Pugh 女士確定了時間，選擇了文本，以及討論的組織（由內圈而外圈）。她要求他們準備書中的引文和問題。她計畫並提出了最初的問題，但隨後，與教師指導的討論不同，她進入了外圈，只與作者進行了一次關於班級 Skype 的引用干預。學生因受到觸動而發言，與先前的評論產生連結，提出問題並分享他們對提出的問題的想法。通常，他們提到了文本中的特定段落。Pugh 女士的目標是讓她的學生，加深對文本及其與神話關係的理解。她心中沒有想達到特定的結果；她並沒有嘗試將他們的思想引導到給定的結論。在討論中，學生們保持不離題，互相傾聽，表達自己的想法，互相學習。

什麼是學生主導的討論？

以學生為主導的討論是學生學會接受對自己的學習，承擔更多責任的一種方式。顧名思義，在這種討論形式中，學生坐在駕駛座上。教師坐在乘客座位上，他們可以觀看但不能控制。學生透過提問來推動討論。發表他們可以提供文字證據的評論；認真傾聽同學的評論；討論也建立在同意或不同意他人的言論上。他們在教師指導的討論中會有意識地應用其教師所示範的技能，並透過參加有組織的小組討論加以強化。

以學生為主導的討論策略採用不同的名稱，但它們具有重要的共通性。如圖 5.1 所示，大多數內容都基於與所研究主題相關的文本或其他材料。「文本」可以是文學、科學、歷史或健康的一段（或者，很少是一整本書）；可以有多種解法的數學問題、影片片段、藝術品、一首歌的歌詞或音樂作品。這個討論通常以教師的提問開始，並且由學生接續下去。教師通常坐在圈外，鮮少干涉學生的對話。討論的目的並非針對一個主題做出決定、協議或達成共識，而是朝向集體理解的目標前進，也就是對於所有學生如何、為何思考有更深的認識。

圖 5.1 由學生所主導的討論類型

討論類型與來源	協助者或教師的角色	討論前學生所做的準備	時間與分組	外圈學生的角色
共同探究 此討論策略以 Robert Hutchins 與 Mortimer Adler 的作品為基礎，並由偉大書籍基金會（Great Books Foundation）所開發。此操作手冊可在線上獲得：http://www.greatbooks.org/ wp-content/uploads/2014/12/Shared-Inquiry-Handbook.pdf	• 選擇文本 • 在討論中主動提問，但不提供個人意見 • 與學生一起坐在討論圈裡 • 以提問支援發言者的思考；要求發言者從文本提出證據；要求其他學生提出意見	閱讀文本兩次；標示出有趣的段落；若為非小說類文本則指出作者的主旨及支持主旨的方式；提出挑戰他們對文本理解的詮釋問題	40-120 分鐘 分一組圍成一圈	無
Paideia 式研討會 此討論策略以 Adler 的作品為基礎，透過研討對話、智能教練及精熟訊息等方式，促進批判與創意思考力。http://www.paideia.org/	• 選擇文本 • 準備並提出開放式的問題 • 參與討論（有些教師不扮演此角色） • 記錄內容及過程	閱讀文本兩次以指出主旨；問題、不認識的單字；選擇一個以上的討論目標	90-120 分鐘 20-25 位學生圍成一圈	無
蘇格拉底反詰法 對話過程係以 Paideia 式研討會及偉大書籍討論法〔Great Books	• 複習討論的基本規則 • 選擇文本 • 準備三到五個問題	選擇閱讀文本兩次，並分析其涵義；確認主要想法及問題	20-45 分鐘 圍成一大圈或分內外圈	選擇：每位學生可以： • 觀察一位學生，並準備給予回饋

（續）

討論類型與來源	協助者或教師的角色	討論前學生所做的準備	時間與分組	外圈學生的角色
(Mortimer Adler et al.)〕為基礎。相關影音資源可見：http://socraticseminars.com/socratic-seminars/	• 一開始先提出開放式問題 • 協助並積極參與討論（註：教師參與討論的程度依教師想法而有所不同）			• 追蹤整組 • 聆聽並思考自己的想法與其他人想法的關聯
蘇格拉底小圈圈 本策略為蘇格拉底反詰法的變化型。Matt Copeland 教師使用此法，並在其 2005 年的著作《蘇格拉底小圈圈：培養中學生批判與創意思考力》（*Socratic Circles: Fostering Critical and Creative Thinking in Middle and High School*）中有詳盡的敘述。 註：有些教師使用「蘇格拉底小圈圈」這個詞彙專指由學生所主導的討論之變化型。	• 辨識出與學生正在學習的文本有關的文本 • 準備三至五個問題，以及可能及適當的補充提問 • 提出一個問題 • 離開討論圈做觀察；不主動討論 • 在必要時進入討論圈	閱讀文本兩次；為教師提出的每個建議加注解，以辨識問題、主旨、不認識的單字等。	內圈與外圈（隨機分組並每週交換）。內圈坐在地上；外圈坐在椅子上。每週進行。每組討論 10 分鐘，兩組進行完成後給予回饋。	聆聽正在觀察的討論，並給予具體且敘述性的回饋。有些學生有特定的任務，像是追蹤大概念、發言者、在目標區裡的特定語言使用等。

(續)

討論類型與來源	協助者或教師的角色	討論前學生所做的準備	時間與分組	外圈學生的角色
二十一世紀的魚缸討論法 由 Amber Pope 教師與科技整合專家 Beth Sanders 所開發。Pope 教師任教於 Tarrant 中學，Sanders 在 Tarrant（阿拉巴馬州）City Schools 工作。	• 指出討論的主題 • 提供作業讓學生準備 • 準備並提出開場提問 • 監督內圈討論 • 參與外圈推文	準備教師指定的每份作業	每組討論15-20分鐘	聆聽討論並推文自己的想法、問題，以及對他人和大家的評論做補充，並準備進入內圈。
圓桌討論法 由 Cheryl Olcott 所開發，Olcott 是 Parkerburg South High School（西維吉尼亞州）的傳播學教師	• 每週提供多個主題供學生選擇 • 閱讀學生的論文與文章 • 準備問題；很少詢問或評論 • 圍坐，記錄談話內容，指明即將到來的（志願者）演講者的順序 • 任命一名優秀的學生領袖	寫一頁有關所選主題的文章；確定並列印出支持他的觀點的文章，並附上原頁面，以學習如何提供支持觀點的證據。此外，鼓勵學生準備一個（與該主題相關）引用語和一個或多個提問。	每週60-90分鐘 一個大型教室小組（20-35人）	無
文學小圈圈 在許多書籍及網站中可讀到描述	• 可能會推薦學生可以選擇的書籍	仔細閱讀文章、章節或整本書，並思考	10-25分鐘 學生根據偏好的閱讀方	無

（續）

討論類型與來源	協助者或教師的角色	討論前學生所做的準備	時間與分組	外圈學生的角色
	• 可以為每個小組指定一個主持人和記錄員,以確保小組始終關注於主題,最終讓學生自行選擇這些角色 • 可以準備問題,讓學生在小組停頓時使用	他們想討論的內容;仔細聽取討論過程,並總結他們學到的知識。	式參加小組(3-8 人)活動	

　　在對話之中,學生為他們的想法和支持他們思考的理由提出證據時,即讓他們的思考被看見。學生在討論中以分析、評價及想出新的方式,而將想法以有創意的方式串聯,進而得以專注於更高層次的思考。就如同其他形式的討論,學生能覺察對有效討論有幫助的技能,並且在每次討論中為自己選擇一個或多個目標。這些目標與第 2 章所介紹的社交、認知及使用知識的技能相關。

蘇格拉底式的小圈圈討論法:建議閱讀書單

高中教師 Matt Copeland(2005)在其著作中,大力書寫他在其英文課堂中使用討論以正向影響學生專注力,以及思考和論述的層次。Copeland 將蘇格拉底反詰法(Socratic Seminar)調整為他所謂的蘇格拉底式的小圈圈(Socratic Circles)討論法,也就是內、外圈的模式:內圈由參與者構成,而外圈則是觀察者;他們聆聽並提出反饋,然後再進入內圈做討論。他針對準備、協助及評量內外圈討論,提出實用的建議。

該書對於所有想涉足由學生所主導的討論的教師十分實用。任教所有年段、學科的教師，都可以為學生量身打造 Copeland 的方式。

Copeland, M. (2005). *Socratic circles: Fostering critical and creative thinking in middle and high school.* Portland, ME: Stenhouse.

教師與學生的新角色

就如同在真實的討論中沒有唯一正確的答案，在學生所主導的討論中也沒有唯一正確的方式。教師會基於想要達成的學習結果和師生的準備度做選擇，這將決定討論的類型與形式。玩味一下，嘗試不同的形式。選擇並改編一種討論方式，讓它在有限的課堂時間裡適合你和學生。堅持你的選擇讓學生在這段時間之中，學習如何投入其中。由學生所主導的討論可能每週或兩個月舉行一次，是學生所熱烈期盼的活動。形式或規則上若有太多改變會讓學生困惑，並且可能削弱這個方法的力道。

唯一保持恆常不變的是學生要為自己的學習擔負更多的責任，要成為和其他同學一起探索與創造意義的可靠夥伴。不過，這絕對不代表教師放棄所有的控制權和責任。教師不再扮演典型的教學角色，教師不提供資訊、下指令或主動參與討論。相反地，教師提出開場問題後就退到一旁，擔任支持者與監控者的角色。教師可以真正地退出討論圈外。這樣實質的退出作法有兩個重要的功能。首先這提醒了學生他們有互相表達意見的責任（而非向教師表達），必須出自好奇心而提問並讓討論持續，去辨識出兩個以上想法的關聯，進而使用證據支持他們自己的意見。踏出討論圈外，也提醒教師除非必要，否則得克制自己提供想法或提問。

在協助討論順利開始之後，作為討論的支持者，教師協助學生瞭解他們在討論中所扮演的角色，並且協助他們成為小組中學習的領導者。唯有在必要之時，也就是當學生沒有盡到這些角色的責任時，教師才介入讓討論聚

焦、釐清不正確的訊息或事實，並且在對話停滯時讓它持續下去。

　　身爲監督者，教師可以建立討論的目標（在第 2 章中列出，與社交、認知、或使用知識的技能有關之目標），教師也可以讓學生選擇各自的目標。教師（與外圈的學生）持續記錄學生朝向這些目標前進的過程，注意每個目標的特定範例。在討論過程中，教師記錄內容的流動並記下任何誤解。有時教師或某位指定的學生觀察者，在白板或畫架海報上記錄。如果某位學生說了與事實不符的話，教師會等待看看是否有其他學生糾正不正確的發言內容；若沒有學生提出糾正，則教師介入小組討論以澄清發言者的意思。藉由這個做法教師尊重了學生的發言，並且說明他加入討論的原由，是爲了示範要求某個學生重新思考自己的發言的方式，如此一來，所有學生都可以擔任回饋者的角色，給予正確的回饋。

　　那麼我們作爲教師該如何鼓勵學生接受這樣的責任？首先，我們必須放棄這個責任。一旦我們爲有成果的討論定下基礎（例如：建立了基本原則、示範並練習適當的討論技巧，並且準備好處理某個技能和標準的焦點問題），我們就必須下放對話的主導權。如果我們以參與者角色坐在小組中，卻認爲我們擁有主導權，這本身就是錯誤的概念。我們不去控制學生的思考或發言。所以我們該鬆開控制，離開主控位置讓孩子主導。其次，曾經採用這種方式的教師體驗到學生眞的很喜歡擔負起這樣的責任。討論可以讓學生專注思考：他們喜歡說話，他們喜歡爲彼此的學習負責。因爲在許多其他課堂中教師替他們思考，他們不常有這樣的機會。然而如果教師在這個過程中能耐心等待，他們往往會發現學生喜愛這樣的討論，並且不想錯過這機會。

　　圓桌討論法（Roundtable discussions）在 Parkersburg South High School（西維吉尼亞州），於 Cheryl Olcott 教師的溝通課裡經常使用。她最近問她的學生：「我們每週參與的圓桌討論法有什麼價值？」以下是部分學生的回應，可以彰顯出學生有多麼喜愛這個機會，爲自己的學習負責：

- 「在討論中，我們可以聽到針對一個主題的不同思考。」
- 「它幫助我從別人那裡得到訊息，並且看到別人怎麼看這個世界；它幫助我形成自己的人生觀。」
- 「它幫助我們學習如何保持開放的心胸。我們可以看到不同的思考方式。當我們討論時會放入價值觀，而我們之中有些人有不同的價值觀，因為我們的背景不同。」
- 「討論真的挑戰了我們的思維。」
- 「不是每個人的意見都相同。我很喜歡討論。這是我整週課程中最喜歡的部分！我們必須發言並傾聽其他人的看法，而且我們必須思考！」
- 「Olcott 教師會藉由我們的發言提出更深入的問題，而這些問題協助我們展開思考。不過多半的時候，她沒說什麼話。她告訴我們，這是我們的討論。」

　　為你自己的學習負責是什麼意思？多數學生從來沒有真正思考過這句話的意義。圖 5.2 中的四項調查改編自顧問 Peter Block（2011）的著作，可以協助教師邀請學生反思他們為學習場域做了什麼貢獻，特別是在由學生所主導的討論當中。教師已經藉由簡化語言、將項目大聲朗讀出來並使用便利貼表示意見（以笑臉、中性或哭臉來表示），為初階的學習者做了示範。

　　當教師為學生領導自己的討論做準備時，他們需要提醒學生：真正的討論並不是閒談時間或分享毫無根據的意見。討論需要仔細及刻意的計畫和準備。教師固然在計畫階段扮演主要的角色，然而學生也有重要的任務。以下是學生與教師在以學生為主導的討論循環之五個階段中所扮演的角色。

圖 5.2　學生在參與及學習中擔負的責任調查

說明：請誠實回答下列每個問題，在數字 1 至 7 之中圈選最適合的答案。每個問
　　　題都沒有標準答案。請考量你在今天的討論過程中，情緒、生理及心理能
　　　量狀態作答。

1. 你預計在今天的討論中所得到的經驗具備多少價值？請注意：不是你想要得到
　　什麼樣的經驗，而是你預計要有什麼樣的經驗。

1	2	3	4	5	6	7
沒價值						非常有價值

2. 你預計在討論中的參與度？

1	2	3	4	5	6	7
不投入						非常投入及主動

3. 你冒險的意願為何？

1	2	3	4	5	6	7
不願意冒險						非常願意冒險

4. 你有多麼投入其他同學的學習經驗品質？你對於你的討論小組的狀態關切度有
　　多少？

1	2	3	4	5	6	7
不關心其他人的學習						非常關心其他人的學習

資料來源：內容改編自 P. Block (2011). *Flawless Consulting.* San Francisco: Jossey-Bass.

圖 5.3 準備討論的相關任務

任務	教師的職責	學生的職責
挑選文本	選擇的文本與學習目標相關。能引出問題並與學生有關聯。文本的選擇可以是歌詞、詩歌、短篇小說或非小說、影片或插圖。	有時會推薦與要研究的主題相關之歌曲、文字或影片。（使用圓桌討論法時，學生可以用網路找到的文章來支持他們的想法。）
閱讀文本	多閱讀選集數次，尋找重要的文學技巧、主旨、潛在問題，與學生經驗之聯繫，以及閱讀或理解過程會有的潛在迷思概念與潛在困難。	至少閱讀兩次教師挑選的文本，找出主旨、問題、生詞或有趣的引言。若是閱讀自選書籍，要確定想法，以及可能引發討論的問題。
組織焦點問題	開始討論時，教師提出三到五個問題作爲討論的開端，並預想學生可能做出的回應，並規劃後續問題，在學生沒有任何提問時使用。	把問題帶來討論。
決定學生討論方式與分組	若討論方式分爲內圈和外圈時：(1) 規劃如何分配學生；(2) 確定外圈學生的作用。 若是以小組進行（自行選擇或由教師分配），挑選一位學生擔任引導者，直到學生可以負責任地自行選擇。	如果依學生選擇做分組，請選擇感興趣的書籍或主題來閱讀和探索。

為學生所主導的討論做好準備

教師爲討論做準備時，需要在圖 5.3 描述的四個任務中擔任領導者。

挑選文本

教師非常瞭解學生的理解在哪些學習目標與範圍內能夠加深，並且將此知識用來選擇一篇能幫助學生準備討論的文章。比方說三年級學生如果在學習 (1) 認識地球與月球和太陽之間的相對運動及 (2) 描述行星之間的異同，

則教師會選擇一篇探討行星及其與太陽的關係的文章。事實上，教師可以選擇三篇不同的文章，針對學生閱讀能力來實施差異化教學，而所有文章內容是相似的。教師可以找一篇科幻作品、一首關於行星、發人省思的詩或照片，或者一支相關的影片或一張圖片。

「偉大書籍基金會」（The Great Books Foundation）（www.greatbooks.org）與「基石討論組織」（Touchstones Discussion Gorup）（www.touchstones.org）這兩個組織是提供了尋找閱讀材料的好地方，可以激發你討論你正在學習的內容。他們還提供潛在問題以供討論。Matt Copeland（2005）推薦《以主題分類歌曲之綠皮書：流行音樂專題指南》（*The Green Book of Songs by Subject: The Thematic Guide to Popular Music*）（Green, 2002）和《閱讀教師的書單》（*Reading Teacher's Book of Lists*）（Fry & Kress, 2006）這兩本書供文本挑選參考。

對於年紀太小、無法長時間閱讀，以及討論文章內容的學生該怎麼辦呢？當然，即使是最小的學生，經由教師指導討論，也可以和他們談論那些曾讀給他們的書。他們還可以參與不同類型結構化的小組討論。小學教師可以引入由學生主導的討論，或許每週一次的課堂中，讓各小組討論學生他們的小組討論狀況。教師首先要問學生本週討論順利的地方在哪裡，然後接著問學生希望改變或改進討論的部分。在一年級至三年級的教室裡，教師表示學生說話占了主導地位（而非教師說話），學生成功地互相交談、提出問題、學習過程不需舉手、共同解決問題、暫停手邊事物開始思考，通常擔負起責任進行高產能的討論（Donoahue, 2001）。

閱讀文本

大多以文本為主的討論策略會建議教師和學生，至少閱讀該文本兩次。通常教師會複印文本，以供學生閱讀時可以自由書寫和注解。教師可以要求學生完成特定任務，協助他們準備討論——比如，將主旨劃線、於空白處寫下問題、圈出自己不確定的單詞或想法，以及（對於非小說類文本）書寫主要論點與其佐證之大要。教師可以要求學生交他們的注釋，作為他們準

備討論的證明。

　　有教師發現，即使在學生都將事先準備的討論活動作為家庭作業來閱讀、學習的情況下，讓坐在討論內圈的同學先在討論之前放聲朗讀文本也是有幫助的。這使每個人都能聽到相同詞彙、相同的抑揚頓挫。Touchstone 組織提倡所有學生在上課時一起閱讀文本，以達到公平競爭的目的。閱讀之後，學生進行初步的小組討論，提出問題並確定自己感興趣的想法。當然，如果學生沒準備好閱讀，那麼公開閱讀將使他們有機會進入討論。有了此經驗，學生將理解，如果他們在上課前不閱讀、思考文本，將無法像同學一樣充分參與或深入理解。

　　如果學生在上課前沒有做好準備，還有一個好辦法可以幫助他們準備討論：播放教學頻道（Teaching Channel, 2014）其中一段影片，短片中的教師讓學生根據《梅崗城的故事》（*To Kill a Mockingbird*）進行探究式的討論。該位教師準備了一連串屬於記憶層次的問題，讓學生把這當回家作業來回答。透過這種方式，學生都能聽到與文本有關正確的基本事實，並且更能夠參與有關文本的討論。這樣的做法建立了學生對上課準備階段問責的期望，因為他們知道其他人將依靠他們的投入，來建構有關文本的基本事實。

組織焦點問題

　　閱讀過程中會出現一個以文本為主的討論問題。例如：在較早的有關行星的科學例子中，一道開放性提問可能是：一個名為「火星一號」的基金會正計畫在火星上建立人類居住區。你認為他們希望學習什麼？如果學生不提出其他問題，教師可以給他們提示：「讓我們假設一支探險隊前往火星。他們需要帶些什麼才能住在那裡？為什麼？」或「如果火星一號成功向火星發送任務，你是否想去那裡生活？為什麼想或者為什麼不想？」

　　教師應提出三到五個問題，這些問題可以作為討論用的開場性提問。如前所述，這些問題應該會引起數種可能的回答。這些問題必須是真實的提問，他們代表著教師的好奇心，並能與學生的經歷、興趣有關。這些問題重

要到需要加以思考，並且能處理議題，而學生只有在聽取一種以上的觀點時才能真正理解該議題。

> 「〔開放性問題〕應是引起議題的問題；當學生給出第一個答案時，這些提問便引出更進一步的問題；它們很少可以用『是』或『否』來回答的提問；它們是假設性的提問，其涵義或後果需要被檢驗；它們是複雜且牽連不同層面的提問，必須按次序解決。」（Adler, 1985, p. 175）

　　除了提出問題之外，教師還需考量學生可能會有的反應，當中包括當場沒有任何學生評論的可怕情況。如果有足夠的思考時間，卻沒有學生的評論，教師接下來會問什麼？可能會簡單到教師指著已發布的問題並說：「跟你的夥伴一起討論這問題。」或者可能是：「我想知道為什麼這問題你們沒有任何評論。有人願意冒險提出自己的看法嗎？」或者也可能是對學生理解該問題的檢驗：「你可以用自己的話重述這個問題嗎？」〔暫停一會〕「Jeremy？」

　　學生可能會提供偏離目標或錯誤的答案。例如：在回答火星問題時，有些學生可能會說：「他們想要帶自己的寵物，像是狗或貓。」儘管學生的回答不正確，特別在學生主導的討論裡，教師會希望可相互挑戰彼此的想法，但這並不常發生。如果沒有學生跨前一步糾正迷思概念，或把對話重新導回正軌，教師又該如何面對？討論的準備工作包括了預想學生可能做出的回應，這會協助教師明白何時且如何退回討論圈。這是一項艱苦的工作，需要教師保持克制，知道什麼時候該留在乘客座位上，瞭解什麼時候該抓住方向盤，或是作為「駕駛員的教練」踩剎車。

　　學生也需要在進入討論圈之前提出問題。第 1 章裡提到的其中一項共同約定：「當你好奇、困惑、茫然或需要澄清時，就提問」，這是一個好方法，可讓那些不願提出真實問題的學生注意。第 3 章中的圖 3.4 所建議的鷹架策略，教師可以與學生共享以鼓勵他們提問。第 4 章提出的一些具結構化

的小組討論形式，可以幫助學生更為自在、熟練地提出問題。如前所述，這是學生最難掌握的技能之一，因為它與傳統的「學校」行為背道而馳，在傳統的「學校」行為中，學生通常以正確答案來回答問題，而不是問他們本身。無論學生獨自完成提問，與夥伴合作、或是小組討論提出問題，他們都需將提問帶到群組討論中。

學生常常「輪流」把問題帶入討論圈——即使該問題與先前的評論或問題沒有任何關聯。

這種輪流不會產生真正的對話。想像你自己與同事討論問題，當你說：「我很沮喪，因為 Steven 可以閱讀，但似乎不理解所讀的內容。」如果你的同事回答了她前一天晚上寫的一個問題，像是「我不知道如何讓代數與八年級學生產生關聯？」這時的你感覺如何？她的問題也許是真實的，但那肯定無法傳達她正聆聽、理解或重視你的問題、評論這樣的訊息給你。同樣地，學生需要被指點，他們得瞭解在討論之前所形塑的這些提問，僅是促發其思考，而不是要撰寫腳本。他們需要學習提出問題，以進一步思考要討論的主題。這需要費時才能提出一個準備好的、促使該小組走到新主題探討的提問，但不論如何，學生必須等待整組都準備好方能繼續進行。同時，學生的工作還得認真聽取他人意見後，再去確認是否產生新的問題。如本章開頭小插曲所述，這些更真實的問題可能會給整個小組帶來活力和興趣，並激發所有人對於該主題進行更深入的思考和理解。

確定分組

分由內外兩圈主持的討論方式，或是於教室周圍分布各個小組。教師需要決定是將學生分成一個大組，還是使用魚缸討論法（意即每組一位代表聚集在教室中心區域進行討論，而全班其他同學聆聽——並且在教師的指導下，或者在某些情況下，如果他們有話要說時，可以替代在中間討論的夥伴）。許多教師更喜歡內外圈的討論方式，因為這方法有兩個主要好處：

1. 較小的組別（約半個班級）可讓更多學生發表、闡述意見。
2. 當討論中的學生（位在內圈的小組）意識到在討論的內容和過程中都被觀察時，對於自己要說的話與要如何說會更有意圖。至於位在外圈的小組，其存在並不妨礙公開討論；相反地，它反而提高討論的質量。

對於內外圈的討論方式，教師需將學生分配到當中一個小組裡。隨機選擇（例如：在上課時發給學生兩個不同的貼紙或編號索引卡）是最容易的策略；基本上，這只是將班上分成兩組而已。不建議學生自己找夥伴，因為學生將與朋友一起成群結隊，這會影響討論過程中由誰發言。

通常，教師分配 10 分鐘進行準備／組織／暖身，10 分鐘第一個內圈進行討論，5 分鐘外圈的反饋，10 分鐘用於第二個內圈繼續討論，另外的 5 分鐘尋求外圈的反饋。他們可能會花最後 5 分鐘時間進行個人或小組反思，並為下一次討論確定個人或小組目標。

教師首要任務是規劃外圈的任務。外圈任務有幾種選擇。教師可以製作一討論技巧表單，並將其中這些分配給每個學生，要求他們針對所分配到的技能進行正例和反例的記錄。另一種方式是要求所有學生聽取討論，記錄討論主旨、示例、以文本為主的參考或基本原理、問題，以及討論轉折處。第三種方法則是，外圈的每位學生觀察內圈小組，負責關注的學生必須記錄內圈夥伴使用技能的示例（例如：要求另一位學生澄清、說得清楚、具體引用文本，或者是記錄該生使用的聆聽技巧，如根據同學評論加以論述、在說話前停下來思考、詢問另一名學生之想法）。最後，有些教師在分配特定角色到外圈指定的成員過程中，看到了該方法之重要性：在教學頻道的影片中，展示了蘇格拉底反詰法的實際應用（2013a），十一年級英語教師 Wu 女士為 4 個學生分配以下角色：

• 評論計數者（comment counter）：記錄內圈每個學生說話的頻率。

- 過渡記錄者（transition tracker）：記錄內圈在討論時，他們如何保持話題，從一位學生發言適當地轉由另一位學生發言（例如：總結學生之前的言論、與同儕達成協議、添加學生個人評論）。
- 引言記錄者（quote tracker）：記錄特別引證文本。
- 討論記錄者（discussion recorder）：在白板上以圖形方式記錄討論情況，記錄主題、提問和每一主題的示例。

　　位於阿拉巴馬州 Tarrant 高中的社會科教師 Amber Pope，利用科技吸引學生加入外圈。當他們聆聽內圈同儕討論時，會在外圈向其他人發布自己的想法、補充和提問（請參閱「在討論過程中使用 Twitter 讓學生參與」）。隨著學生積極聆聽，並從外圈參與討論，他們的投入度也顯著提升。

> **在討論過程中使用 Twitter 讓學生參與**
>
> Tarrant 高中九年級社會科教師 Amber Pope 和阿拉巴馬州 Tarrant 市學校技術整合專家 Beth Sanders 一起合作。
>
> 在 Tarrant 高中，我們相信學生需要多重機會練習、發展口頭與書面的交流技巧，並參與離線或在線上重要的、高產能的對話。交流不再局限於面對面的交談，它實際上也能以多重文本如文字、音頻和視覺形式發生。
>
> 我們支持學生發出自己的聲音，探索他們興趣與熱情，並與真實聽眾一同創造、分享內容，以實踐、發展當代技能，而這些技能將陪伴他們步入成年。將線上討論納入課堂改變了學習形式。使用社交媒體是學生的強大動力，藉由適當地促進線上討論，學生能夠利用他們感到舒適、專業的平臺來發展、應用素養技能。
>
> 二十一世紀的魚缸討論法是我們創造出來支持學生發言的一種方法，它是古典討論法的扭轉。此討論法的配置為內外圈，坐在內圈的人如常討論。坐外圈的人在 Twitter 發文，記錄圈內的人所說的話。外圈的其他

人，教師還有其他在 Twitter 上的人，都可以即時閱讀推文，學生則保持專注。輪到他們移入內圈時，他們很清楚先前圍繞著這個主題的討論，並且也準備好繼續進行口頭討論。

當我們問學生：「發關於魚缸討論法的推文時，如何讓你們專注於學習？」他們寫下了這些的回應：

- 「它讓我保持專注，因為它讓我傾聽同學們對於這個主題的看法，還有我們同意或是不同意。」
- 「它讓我專注學習，因為我們對一個主題進行大量討論，而我們都有各自的見解；我們讓討論繼續進行，並且不會離題。我們發問，也從同儕那裡得到很棒的答案。」
- 「我聽到了其他人的觀點，這讓我專注。」
- 「我們專注是因為即使我們的意見在場內沒被聽見，在 Twitter 上還是能被聽到。我們還能持續以引用和反思同儕的方式回應討論。」
- 「它能告訴其他人，我們在課堂上做了什麼。」

線上討論為學生提供立即的回饋，回饋來自於其他學生、教師，以及自評。為一篇推文按讚或是轉推能為學生帶來正向回饋，表示他們想法很好，而且說出重要的話。教師也可以利用這個回饋來幫助他未來的教學計畫：這些學生理解了什麼？他們在哪些地方有錯誤的概念或理解錯誤？

我們已經發現 Twitter 對於公開的線上討論是一個優異的應用程式。它可以幫助學生在數位世界中作個負責的公民、建造專業網路、創造專業的數位平臺、精簡使用文字、針對重要議題發展看法、與不同族群的人互動、將其他人視為資源、找尋不同想法的回饋等。此外，我們相信學生口語表達自己想法的能力會因為線上討論而有所進步。把想法構思為一篇連貫的推文所需要具備的內在處理本領，可以轉移到現場面對面的討論。閱讀及回應其他人的想法，也能轉譯為更好的傾聽技能。

線上討論賦予平等，因為所有的聲音都能被聽見。所有學生都可以同時專注。學生可以同時進行多重強而有力的對話。創造出這般環境並允許學生擁有這個空間的自然結果就是他們的潛力／潛能，能發展並探索自己的聲音。

如果你想要更瞭解這項二十一世紀的討論模式，請掃描本頁的 QR 碼可查看課程指引、學生討論的照片，以及精選推文。

https://storify.com/mssandersths/21st-century-fishbowl-popewildcat

就小組討論而言，教師可能想要建議能選出一位主持人以確保所有人的聲音都能被聽見，以及討論能聚焦。在學生學習如何專注於討論過程的早期階段，我們建議教師能選出主持人。有些教師會選最有自信的學生來擔任主持人，這些學生在小組中也能信心十足地說話。這種領導者的角色促使他們對於發表自己的意見要有所限制，因為他們要負責確保其他人表達並分享意見。有些教師會選很少在小組討論中發言的學生負責任。作為領導者他們有責任要發言提問，以確保小組在進行任務中。一旦學生完全理解了角色的要求，他們可以選擇自己的主持人，由教師進行監督並根據需要提供支持。

開端：啟動思考，為討論架設舞臺

學生一開始主動地閱讀一段文章、看影片或複習其他精選教材，並且記筆記以準備開始討論，教師需幫學生架設好舞臺以進行討論，這樣的討論是截然不同的學習、思考且互相理解的方式。如果學生是討論的老手，他們很容易進入狀況。但是如果他們還在學習如何討論，特別是當他們肩負著由學生主導的討論時，他們需要能進入對話區。教師要注意圖 5.4 所列出的任務，以便讓學生準備好開始討論。

圖 5.4　啓動思考並且為討論架設好舞臺的任務

任務	教師的職責	學生的職責
檢核課堂的共同約定與討論基本規則	請主持人檢核討論的基本規則。	閱讀基本規則，並且選擇一個以上值得特別注意的規則。
確認目標技能	給學生時間檢核技能，並選出個人或小組所要聚焦的技能。	個別或一同思考爲了提升討論的品質，所要聚焦的技能。
啓動學生思考	選擇一個暖身策略，例如：想出問題、兩兩一組辨識引文或者小組分享閱讀文章的主旨。	完全專注於暖身活動中。
提出討論的焦點問題	提出問題（或指定一個學生唸出開頭的問題）。	如果教師已指定小組主持人，那麼主持人應準備好率先提出開頭的問題。

檢核課堂上的共同約定與討論基本規則

讓學生準備好參與由他們所主導的討論時，教師的考量其實與第 3 章描述的教師引導的討論頗爲相似。教師或某位指定的學生要檢核課堂的共同約定和討論的基本規則，鼓勵每個學生在本日的討論中要聚焦、落實一或兩項基本規則。

確認目標技能

教師協助學生刻意聚焦在可以提升個人或團體表現的討論技巧上。有時教師提出一到五項技能讓學生在討論時聚焦，而有時每個學生都可以選擇並寫下（或圈選）他們想要聚焦的技能。這兩種方法的折衷大概是最好的選擇：教師提供三至六個目標讓每位學生從中選擇一至三項。回想最近的課堂討論，可以引導師生選擇聚焦的技能。

啓動學生思考

　　爲了讓學生準備好專注於討論，教師認爲安靜的書寫感想、「思考—配對—分享」或小組「觀察—思考—懷疑」這一類任務有助於啓動學生思考。如果對於討論主題的意見傾向於兩極化，教師可以選擇以人物圖表（見第3章）或數據呈現法（見第4章）開場。另一個適合啓動思考的活動是「一字摘要」，教師提出第一個問題然後給學生一些時間寫下想法，之後再請每位學生以一個單詞摘要出他們的回答，而教師巡迴小組傾聽每個學生的答案。這些策略讓每位學生在開始討論前就有均等的機會回答問題，並且聆聽其他人的想法。本策略也讓學生有機會問其他人問題，像是「當你以『困難』這個單詞作爲一字摘要時，你究竟在思考著什麼？」

　　圖 5.1 所描述的「圓桌討論法」可以幫助學生學習並練習各項技能，像是整合有書面證據的個人意見、在傳遞訊息時使用說服技巧、傾聽發言及思考，以及在小組溝通的架構之下評量人際之間的意見。

　　我們觀察 Olcott 女士的課堂那天，討論的主題是「信任看起來像什麼？」從七個月前開學以來的每一週，Olcott 女士的學生都一起探索一個主題。如同 McCann（2014）所建議的，這些主題對於發展與公民道德相關的技能和態度傾向是相當重要的，包含正義、責任、愛等。學生都擅長討論，全部 30 個學生一同搬動桌子圍成圓圈以便一起思考問題，那股興奮是顯而易見的。爲了要讓他們暖身並確保每個學生都有所貢獻，「圓桌討論法」是以每個人都說點什麼來開始。有些人選擇唸他們的報告，而有些人則提問、唸一段引文或簡短地分享他們對這個主題的想法。

　　擔任領導者的學生一開始說道：「我認爲信任可分成兩種：你可以信任他人，也可以相信自己。我的引文是，『一隻坐在樹上的鳥永遠不會害怕樹枝斷裂，並不是因爲牠信任樹枝不會斷裂，而是牠相信自己在樹枝斷裂時可以安然無恙地飛走。』」這個學生手中握著一疊洗牌過的索引卡，每張都寫著一名學生的姓名。在暫停片刻之後，他唸出第一張卡片上的姓名並請他回答，然後再繼續這樣的流程直到每個學生都回答完畢。以下是某些學生針對這樣的開場所做的回應：

- 「我用橡皮擦來比喻信任。信任會在每次犯錯之後變得越來越小，直到最後完全不見。」
- 「信任就是交出控制權。」
- 「信任就像一面被打破的鏡子。你試著復原它，一定會看到傷痕。」
- 「我認為在內心深處我們都想要信任別人，我們只是不知道該怎麼做。」
- 「如果你的人生充滿艱困，你將難以信任別人。」
- 「信任就像是一個剛從飛機上跳下的傘兵，他相信他的降落傘會打開並且幫助他安全著陸。」

在每個人都說出自己的想法之後，領導者示意他們可以開始進行更主動的對話。以這樣的方式開場對於討論的流暢性有兩個重要的好處。首先，每位學生都有分享的責任——即使不喜歡在小組裡說話的人也能做到，並且被鼓勵提出其他評論。其二，每個學生都能聽出連結，無論這關聯是與他自己想法還是與同學之間的想法的連結，然後他們在討論開始時就有形成意見的基礎。如果開場的分享能夠像先前所提到的例子那樣，聚集了學生所提供的豐富的思考素材，那麼我們也不必訝異接下來學生能將不同的想法，編織成更加完整的、對於信任這個主題的理解。

在開場後的第一個評論是：「我想再思考一下 Mackenzie、Laura 與 Austin 都提到玻璃製品，像是鏡子、易碎的花瓶，以及〔一長段暫停，然後其他學生提示他『一片玻璃』〕喔！對了，一片玻璃。這表示信任一旦破碎就很難復原了。」從這則評論開始，學生開始思考信任與愛之間的關係、信任與尊重、如何從信任破裂的傷害中復原，以及男性與女性表達信任這樣的情感時方式多麼不同。在討論過程之中，學生提問、延伸其他人的評論、臆測，並且提出假設。

在教學頻道（Teaching Channel）網站上，有一支影片「蘇格拉底反詰法：支持申辯與反申辯」（Socratic Seminar: Supporting Claims and Counterclaims）（2012），其中可以看到十年級的英文教師 Christina Procter

協助學生準備好開始討論,她提出一系列的問題要學生個別回答。他們不只寫下他們對每個問題的想法,同時也思考他們可能會從其他同學那裡聽到的相反意見,然後他們記錄要如何反駁與他們意見不同的同學提出的辯解。這讓學生可以練習思考他們自己所相信的、其他人所相信的,以及其中原因。在 8 個人左右的小組中,他們先討論所有問題,之後選出各組代表參與「魚缸討論法」。

發表焦點問題

討論往往是以教師準備的一個問題開始。這個問題可以由教師或一位指定的學生發表。為了鼓勵學生回答,這個問題要以些微戲劇化的方式發表,並且在發表前要先鋪設脈絡,加上一些引導的話語。最重要的是,教師對這位學生應該要在提問時傳達對學生們的思考很有興趣,並且非常期待接下來的回應。透過聲音的語調、面部表情,以及肢體語言都可以做得到。就如同Adler 所言,「最重要的是主持人必須確認他所問的問題都被聽見了、瞭解了,無論他所回答的是否與問題有關係,這些問題被回答問題之人視為一種想法表達的信號(Adler, 1985, p.175)。

維持討論

在這個階段,三種形式的討論大不相同。在教師引導的討論中,教師是主要維繫討論的人,他示範、搭鷹架並且訓練學生。當學生參與結構性的小組討論時,就由規範本身來搭鷹架及維繫討論(教師偶而介入)。在學生主導的討論中,主要由學生自己承擔讓討論持續進行的責任。圖 5.5 敘述了一些可以維持學生主導討論的任務,主要的責任在學生身上,教師則隨時準備好在必要時示範和搭鷹架。

在學生主導的討論中學生要注意很多事:他們必須記錄對話的流動;注意傾聽別人所說的話;注意自己必須發表意見的職責;監控他們選擇要聚焦的技能表現;鼓勵其他人提出想法,並且藉由提問、重述等方式澄清他們對其他評論的理解。嚴謹並具有挑戰性的討論,能讓學生專注。

圖 5.5 與維持學生主導的討論相關的任務

任務	教師的職責	學生的職責
思慮周密地傾聽	傾聽並且持續記錄討論內容	撥出時間思考並澈底思考；記下對話內容
花一些時間比較你和其他人的想法	在必要時，監控並提醒學生要有時間思考	思考其他人的評論：你贊成嗎？你反對嗎？爲什麼？幫忙彼此善用思考時間
如果不知道答案，問問題以釐清	給學生機會承擔這個責任，但如果他們沒能做到就要介入	確認自己是否完全理解別人說的話。如果不懂就以換句話說的方式，確認或請求對方澄清
一旦評論澄清了，要表達同意或反對並說出原因；補充其他人的評論	避免表達意見	表達你贊成或反對及其原因。補述說明、補充並且爲其他人所說的話舉例
要求提出證據	給學生機會承擔這項責任；如果他們沒能做到就要介入	問以下問題：「證據在哪裡？在文本中嗎？還是有其他來源？」
針對困惑的部分提問	給學生機會承擔這個責任；但如果他們沒能做到，就問他們問題	把問題帶進討論圈，但唯有在時機恰當時才提出。針對同學的陳述提問
修正錯誤的事實或誤解	給學生機會承擔這個責任；但如果他們沒能做到就要介入	問自己：「我是否信服這句話屬實？」如果不能信服，提出你們的質疑與不確定
以全體參與爲目標	記錄發言者及其在討論後反思的頻率	要意識到如果沒有所有人的參與，討論就不完整；每當你有話要說時就參與討論；問還沒發言的人他們有何想法

思慮周密地傾聽

Mortimer Adler（1985）在《如何說、如何聽》（*How to Speak, How to Listen*）這本書中，主張聽懂別人的意思比讀懂來得困難，然而學校很少花時間教學生學習作個良好的傾聽者。Adler 指出當我們閱讀時，我們可以停下來思考我們剛剛所讀的文字，再讀一次沒能讀懂或沒注意到的地方，或者先把書放下等一會兒再讀。

然而在傾聽討論時，「立即重播」是不可能發生的。一旦話說了出去，就是說出去了。聆聽者必須不斷專注，才能主動地追隨著發言者的推理邏輯。但是在討論中，我們不只在傾聽發言者，也帶著後設認知在傾聽一些問題，這些問題可以幫助我們成為主動的傾聽者及參與者，這樣的問題包括「他的意思是什麼？」、「我瞭解她的重點嗎？」、「這是真的嗎？」、「證據在哪裡？」、「我贊成還是反對呢？」、「這跟我所想的有何相同處？」同時，我們也可能在形成回應並且思考：「我是否應該把想法說出來？」換句話說，當我們在傾聽發言者時，也同時在傾聽自己腦海裡各種聲音，這些聲音可能會干擾我們傾聽別人的意見。

Adler（1985）建議學生在討論時寫筆記，以幫助他們專注聆聽。他承認有些人會認為傾聽別人說話時就應該要維持眼神接觸，並傳達其他非語言的訊號表示自己正在聽，而邊聽邊寫東西是不禮貌的。不過 Adler 也主張，既然傾聽是個要求嚴格的任務，傾聽者必須寫筆記之後才能回顧大家說了什麼話，並且好好思考。

善用思考時間

在評論中間刻意保持一段靜默時間，能讓學生思考並消化先前別人所說的話。當主題激發起強烈的情緒時，等待是特別困難的，但消化思考時間是重要的。它不只讓傾聽者能控制住情緒性的回應，也能讓他們思考先前聽到的話語，想想那是什麼意思且衡量該如何回應。學生在帶領討論時，他們擔任著幫忙提醒彼此要暫停的責任。他們在主要的大討論之後，可以主持小討

論來履行這個任務，他們可以討論用哪種訊號來提醒彼此安靜下來思考；或者每位發言者也可能願意舉起一隻手或一個標示提醒其他人好好聽、不要中途打斷，並且一直把手舉著直到他們講完；同時班上某位學生（在外圈的學生或走出大圈外監控者）也可以被邀請來記錄對學生回饋的評論中間間隔的時間。

　　有時候在討論中，沉默的時間似乎延長了。這時教師的本能是直接介入以免學生對沉默感到不自在，以做評論、澄清問題或問別的問題等方式來「解救」他們。不過我們已經知道了等待的價值。等待需要相信這個團體，是理解到就算在當下沒有人被動地發言，當學生利用靜默時間思考時也會有某個人提出評論或問題。通常這段靜默會將討論轉變爲更有深度、更深思的經驗。能夠鼓勵這種高產能的靜默之其中一種方式，就是承認 3-5 秒鐘的暫停似乎有點尷尬，而 15-30 秒鐘的暫停則像是永恆。跟學生談談這段等待和思考時間的價值。沒有人有責任介入填補空白，但要鼓勵學生沉浸在靜默中，在腦海重播剛才大家所說的話，並且思考接下來他們想要把討論帶往哪個方向。他們應該在準備好之後才發言，而不是爲了打破靜默而發言。

　　Paige Price 是九年級的英文教師，她分享了在她七年級蘇格拉底反詰法課堂上發生了這種漫長沉默的實例。她的學生仍在教師的引導下學習這個過程，就像教學頻道上的影片「蘇格拉底反詰法：耐心與練習」（Socratic Seminars: Patience and Practice）（2013b）所看到的，在提出開場問題之後，Price 教師從蘇格拉底反詰法退出，轉而成爲外圍的主持人。接著就是漫長的靜默。在評論這段靜默時，教師解釋道：「學習蘇格拉底反詰法卻無人參與是每個教師的夢魘。我們只能坐在那裡無盡地等待，但如果我們告訴學生讓對話持續下去是他們的責任，我們就必須堅持，讓他們參與是我們的責任。」

如果不確定意思，要提問以釐清

　　在教師引導討論的課堂中，教師主動示範並搭鷹架，學生觀察教師示範請別人釐清的方法。在學生主導的討論中，學生的責任在於決定何時與如何

釐清。在一段令人困惑和不清楚的發言之後，教師應該靜待學生提出問題以請求澄清，這樣的問題像是：「你可否換個說法？」、「當你說 Arable 先生對 Wilbur 很壞，浮現在你腦海中的畫面是什麼？」、「讓我重述一遍你說的話，以確認我是否理解你的意思。你認為馬克吐溫是種族主義者嗎？」如果沒有學生試圖澄清，而學生還沒經歷澄清就表態贊成或反對，教師此時可以出面提問或重述原本的陳述，以確保意涵明確。

一旦評論澄清了，要表達同意或反對並說出原因；補充其他人的評論

一旦學生明確地理解了說話者的評論，他們應該善用思考時間來決定他們是否贊成並提出理由。討論應該保持流暢，斷斷續續且與主題無關的評論無法構成「討論」。學生的評論應該能補充或建構在前面的評論之上。如果學生想引進新主題，他們應該使用一種過渡進程，以幫助所有參與者看出他們的評論和先前的討論有何關聯。

這種贊成或反對的做法只適用於學生，不適用於教師。學生主導的討論在這個階段應該很少由教師給予回饋，因為教師的意見往往會影響到學生的評論。在先前提及針對「信任」所做的圓桌討論法中，學生都看著教師，他們甚至請求教師告訴他們看法。但是他們知道 Olcott 教師不會回應這個請求，她堅守程序，絕不在討論的前、中、後與學生分享個人意見，她不想要影響學生的想法。她的焦點反而在於他們如何思考，也就是他們認識的過程：他們有沒有清楚地表達自己的想法？他們是否以開放的心胸去傾聽不同的觀點？他們有沒有在整個討論過程中讓思考趨向精緻？他們是否會使用證據支持他們的論點？他們有沒有開放的心胸？這些都是未來學生會受用一輩子的討論技能，無論討論的內容或主題為何。

要求提出證據

在學校裡真正的討論並不代表隨便怎麼做都可以。討論並不是全盤接受毫無根據的意見或信念。特別重要的是，學生應該學習思考哪些他們深信不疑的個人信念，可能讓他們只看到或聽到更加強這些信念的話（請參考第 2

章的推論階梯）。如果討論是以文本為基礎的，就很容易問出「你從文本中可以找到什麼證據？」這種問題。但是在比較綜合性的討論中，如果要把這段時間裡學習過的整個單元都重組起來，或處理本質上有爭議性的議題，要求提出證據也是同樣地重要。

在七年級的課堂討論中，讀完了《親愛的哥哥山姆》（*My Brother Sam Is Dead*）之後，教師問：「如果是你，你會怎麼做？你會不會違背父親的意思去打仗呢？」一個學生做了以下評論：「到戰爭結束時我都還未滿 18 歲，所以我不可能去打仗。」在場沒有一個學生質疑他所提出在獨立戰爭時期要滿 18 歲才能打仗這樣的說法。於是討論很快就從這裡轉移到其他主題去了，而教師沒有機會介入或質疑這個學生的證據。在討論時如果發生這種情況，教師就有實質的例子可以跟學生強調，去質疑不完善的事實是多麼重要。這可以作為下次學生主導的討論中一項焦點技能：針對論點或結論要提問，以釐清思路或邏輯。

針對困惑的部分提問

積極參與討論最好的方式，就是以「什麼都不知道」的心態來思考。這讓人可以接受並試圖更加瞭解其他人的觀點。更重要的是，提出真正的問題的發言者進一步地邀請了其他人一起思考，並與小組分享他們的想法。

在 Hewitt-Trussville 中學裡（阿拉巴馬州）Leigh Stovall 和 Erin McGuyar 教師任教的七年級學生，正在討論著學生自己提出的問題：全球化是好？是壞？學生指出一些最常見的優缺點，其中有許多反對全球化的論點是這群中學生所提出的，主要聚焦在開發中國家工作條件不良上，在這些國家中工人薪資低，其生產的商品則賣給更富有的美國消費者。在這段討論中，一個學生靈光乍現，他說：「我有一個問題。」他接下去想了一下，才繼續提問：「為什麼這些外國人賺這麼少？他們做跟我們國家的人一樣的工作，但卻無法賺得一樣多。」當他這麼說的時候，他的聲音充滿了困惑，表示先前的評論確實激起了這個問題。學生將他們的注意力轉向這個問題。討論不再簡單地聚焦於評論人們如何遭受低薪之苦，而是在探討為什麼本國與

開發中國家薪資之間存在著這麼大的落差？

修正錯誤的事實或錯誤概念

就如同其他「維持」討論部分的任務一樣，教師希望學生能修正錯誤的事實。然而，如果學生沒有勇於修正，教師就必須介入提問，像是：「你說這句話有什麼證據？」或是「我們一起來看文本第 160 頁的第三段，作者在這裡說了什麼？」

以下例子告訴我們一位教師，如何有技巧地在討論中修正一個錯誤的陳述。在針對「改變」這個主題所進行的最精彩的討論中，學生已經主動地閱讀、提出問題，並且在四天過程中一起討論了金恩博士（Martin Luther King）、南方的吉姆‧克勞法（Jim Crow laws），以及甘地（Mahatma Gandhi）在推翻英國統治時使用的公民不服從。Eunice Davis 教師（Ft. Worth ISD，德克薩斯州）開放發言權讓她的二年級學生討論。她對學生說：「我們現在開放討論……如果你對金恩博士有任何評論，或是你有問題，都可以現在提出。」

> 學生：「我想說的與金恩博士有關，但也跟甘地及英國有關。〔等待 Davis 教師認爲可以才繼續說。〕我認爲你可以聯想到甘地有點像神，因爲他散播和平，他讓印度人幸福度日，而英國人則有點像惡魔，因爲他們對印度人很壞。他們剝奪了人權，所以甘地才實行公民不服從（civil disobedience）並進行杯葛，就是爲了要帶來改變。〔暫停〕」

> 教師：「你的意思是英國人就像惡魔，還是說他們做了邪惡的事情？」

> 學生：「他們做了邪惡的事情。」

教師：「他們所做的事確實是邪惡的。但我們不要稱他們爲惡魔。
　　　　他們所做的事是……〔暫停讓學生來完成句子〕」

學生：「邪惡的。」〔學生完成這句話時她笑了，就像承認教師教
　　　　會她用更正確的方式表達了她的想法。〕

教師：「甘地所做的事就像是神會做的事一樣：他做了好事。他做
　　　　了對人類有好處的事。這就是妳剛才所要表達的嗎？」
　　　　〔學生驕傲地點頭微笑，認可教師正確地解讀了她的想法。〕

　　現在，讓我們再來思考另一個在七年級社會課發生的例子（在
Trussville，阿拉巴馬州），那裡的學生更成熟，所以任何錯誤的表達也讓
專注的人更容易覺察。這時外圈學生已進入內圈開始討論。教師已問過先前
在內圈的學生，全球化的好處有哪些？她問現在在內圈的人另一個問題：
「全球化要付出什麼代價？不只是經濟的代價，也請考量其他面向。」在暫
停之後，一位學生回答：「全球化幫助所有國家互相聯繫並彼此受益。」

　　面對這種文不對題的回應，多半教師會自動重問一次同樣的問題，請學
生解釋問題的意思，或者打斷他的說明，告訴他：「如果我剛才問你跟前組
一樣的問題，就是全球化的好處，那麼你的評論就會是正確的。但我問的是
代價，你可以回答這個問題嗎？」然而教師並沒有這麼做。她很有智慧地保
持沉默，看看這個學生會不會自我修正或其他學生是否會介入。

　　下一位發言的學生很有技巧地補充道：「我同意你說的話。但國與國
之間仍然可能會彼此生氣或嫉妒之類的，所以全球化對國家而言有利也有
弊。」第三個學生加入討論並且解釋國家從全球化確實可以受惠，「但也得
付出代價，像是人們會在情況很糟糕的工廠工作、領低薪。」第四個學生參
與討論：「我同意你對工作情況的解釋。」就這樣，小組裡 8 個學生都給予
評論了。最後在沒有任何提示的情況下，第一個學生總結了這部分的討論，
他說：「好的，所以全球化絕對是有利也有弊。」

　　整個過程中並沒有任何人直接告訴這個學生他一開始其實誤解了教師的

問題，但他最後的總結摘要顯示出他已瞭解到全球化所涉及的代價。教師並沒有介入去糾正這名學生。請比較一下這種學習經驗跟傳統課堂中啓動—回應—評量的提問模式有多麼不同，學生在傳統提問法中總是只從教師那裡得到立即的回應。

以全體參與為目標

在 25-30 位學生的大組討論中，不太可能每個學生都有一樣的機會參與討論。時間大概不允許這麼做。如果幾個學生掌控了對話，評論者就會記錄下來，學生可能會爲下次討論設立目標，他們可以參考以下的共同約定，像是：「分享你正在思考的，這樣其他人才能向你學習。」或是「監控你自己的發言，你才不會霸占整個對話的機會。」有些教師使用給每個學生三個代幣的策略，每個發言都花費一個代幣。如果代幣用完了，該名學生在討論中就不能再發言了。Copeland（2005）的報告裡指出這種策略似乎會抑制正常對話的節奏，而且學生不喜歡這種作法，所以他主張偶一爲之即可。

在位於紐約州 Brooklyn 區的 Joseph Cavallaro 281 學區，Boyd 教師的 ELA 課堂裡，學生已經接受了要確保所有聲音都被聽見的責任。在 15 分鐘的討論中，學生互相鼓勵彼此並專注參與。他們會對彼此這麼說：

- 對還沒發言的學生說：「Omar，我想知道你在想些什麼。」
- 「我想釐清 Adrianne 所說的話。你可以再多講一些嗎？」
- 對另一位還沒發言的學生說：「我想要聽聽看 Joseph 對這個主題有什麼看法。」
- 「我希望你可以延伸那段評論，並讓我們知道你是贊成或反對。」

這種使用內外圈的方式，因爲組員較少而能使比較高比例的學生參與討論。然而另一種方式，如 Christina Procter 在教學頻道影片裡所示範的「蘇格拉底反詰法：支持申辯與反申辯」（2012），她在暖身活動裡先讓學生在人數少的小組中討論，然後每組一位學生移動至教室中央進行魚缸討論法繼

續討論。這個中間小組使用一個絨毛娃娃象徵發言權，發言者一定要抱著它才可以發言。（學生似乎蠻喜歡在發言時手裡抱著一個東西。）然後教師要每個小組的第二個人取代第一個人，如此一來全班都聽到至少每組 2 個人發言。如果小組每個人都發言了，教師會給該組加分，這確實有助於建構出「聽見所有人發言」的概念。許多在第 4 章提過的小組組織，也可以建構出這種行為模式。

總結

　　無論討論是否受到教師的協助、是否在小組中進行，或是否為學生所主導，學生都應該在討論要結束時強化他們的學習。教師通常在協助結尾省思時重掌主控權。在本章提過的圓桌討論法中，大約在 90 分鐘的課程要結束的前 10 分鐘，教師說：「我想要你們分享一段感想，它可以是一個想法、一句引言或者一個問題。〔暫停〕我們從 Maria 開始，然後我們延著圓桌進行，每個人都說些話。」以下是某些學生的感想：

- 「我覺得今年我們在圓桌討論法的每件事都是相關的，像是責任、信任、尊重、恨與愛。我現在想知道的是，究竟何者才是中心？」
- 「你如何能夠完全相信親密的家人？」
- 「被信任比被愛還要來得讓人有面子。」
- 「相信和信任某件事有不同之處嗎？」
- 「我想我知道 Michael 問的那個中心應該是什麼，我認為那就是自己。」

　　學生專注於深度思考——他們傾聽、分析並且評量他們自己和同儕的思考。他們在教室裡開放地分享、建立信任和社群關係；他們構思問題；他們發言並悠遊於自己和彼此的想法之中。先前所述的討論發生在那天的最後一堂課。下課後 20 分鐘，還有 6 名學生留在教室裡繼續討論著。

有時教師要學生寫下想法，繳交當作出場許可。在討論完兩首名為「民主」（Democracy）的詩後（一首由 Langston Hughes 所寫，另一首作者是 Sara Holbrook），任教於紐約州 Brooklyn 區 Joseph Cavallaro 281 學區學校的 Mohassib 教師要學生以寫作的方式，為他們的討論做摘要：「我們之中有許多人在討論從這兩首詩中學到了什麼，還有這兩首詩如何對應到我們今日的生活。你從這些文本中得到了什麼深刻的想法或理解？請個別回答學習單上的問題。」（見圖 5.6）她要求學生在這堂課結束時開始回想，並且在隔天將完成的心得繳交給教師。

圖 5.6　學生對學習的自我反思

姓名：　　　　　　　　日期：　　　　　　　　　　第＿＿＿＿節
1. 今天你討論了什麼能強化你原本就知道的事？ 　我本來就知道自己生活在民主國家中，但我並不知道政府有多大。
2. 你聽到了什麼新想法（或不同的思考方式）？ 　我學到了有些人認為種族造成了不公，而有些人認為是貧窮造成的而不是種族。
3. 你對我們所討論的內容有什麼問題、好奇或不懂的地方？ 　有什麼可以幫助民主制度運作得更好？
4. 你特意和有效地使用了哪些清單上的討論技能？ 　我補充了兩項不同的評論。
5. 若有的話，在未來的討論你想做得更好的部分是什麼？ 　我想提出自己的問題，並且聽聽看別人怎麼想。

反思

在這個階段的討論中，教師通常維持著領導者的角色，協助反思的討論或給予評量或心得寫作的指導。學生有責任要誠實的反思，評估與評論討

的品質，還要爲他們的回饋提出支持的證據。以下格式適用於 (1) 大組討論
後的反思；(2) 小組討論後的反思；(3) 在內外圈討論後的反思。

三個有意義的回饋關鍵

1. 回饋要是具體的，在恰當時機提供例子。
2. 回饋要與聚焦的討論技能或評量標準相關。
3. 回饋要有助於學生建立下次討論的目標。

　　請留意如果學生要評量及反思討論的品質，他們需要理解構成有意義
的回饋包含哪些元素。首先，回饋應該要具體。太含糊的回饋，像是「這是
個很好的討論」，並沒有意義，因爲它並沒有指出這場討論好在哪裡。以下
是一些有焦點的回饋：「學生努力讓彼此盡參與討論的職責，像是 Jose 問
Cynthia 她的評論有何依據。」或者是「這一組似乎都準備周全，因爲我注
意到他們提到文本五次，而且其中三次還是引文。」其次，有意義的回饋要
能連結學生事先就意識到的特定評量標準。假設焦點討論技能是「補述說
明並且鋪陳同學的評論」，學生可能會說：「我聽到 3 個學生補充的例子，
像是 Samantha 補充 Lilly 的評論時，她說 Lilly 的方式可以解決這個問題，
但她自己有不同的方法，接著她解釋自己的方式。」最後，如果回饋要有意
義，學生要能提供建議讓討論品質變得更好。這裡主要的目的是爲下次討論
設立目標。

在大組討論後

　　以下是 Mohassib 教師在課堂上的另一個例子。學生第一次在討論中，
利用 4 秒鐘的思考時間。教師以放聲回想的方式讓學生省思討論中的靜默來
結束討論。他說：「在今天的討論中，我們使用了 4 秒鐘的靜默來讓個人
有思考先前所有發言的時間。使用靜默時間如何豐富我們的討論？」另一個
學生補充道：「我有數到 4，但有人在我數到 4 之前就說話了。」另一個學

生說：「我同意 Michael 說的，這個方法今天沒有發揮效用。我忘了要數 4 秒，其他人也忘了。」教師繼續說：「大家要記得，當我們嘗試新事物時，我們也許需要練習才能感到如何使用。我們可以怎麼做來改善自己對靜默時間的利用，而好好思考呢？」學生提供了三個建議：「也許我們應該寫下來才不會忘記我們要說什麼」、「思考完了做一個手勢」、「有些人數得比別人還要快」。

為了在班上已經參與討論三到四次之後，能有更深入和個人的省思，教師可以使用像是「反思式提問」的規範：教師在討論後給學生兩個反思問題，並讓學生有時間個別思考，然後再寫下回應。教師可以提出以下問題：

1. 你昨天做了什麼提升了小組討論的品質？請舉出具體例子，並使用張貼出來的技能來幫你組織想法和寫作。
2. 小組討論如何幫助你對文本（或主題）的理解？你或其他人可以怎麼做以提升理解？

在學生寫下回應之後，他們以 3 人一組開始進行反思式的提問過程。每個小組成員分別擔任訪問者、反思者及觀察者。訪問者一開始要使用良好的提問及傾聽策略提問反思者問題（這些問題和策略包含「你如何為小組討論做出貢獻」這種問題、維持眼神接觸並身體前傾、讓反思者得以不受干擾地回應、問「假設你剛才……可能會有什麼不同的結果？」或是「你可否舉例？」等）。反思者誠實地用 3-5 分鐘回答訪問者的問題，而訪問者試著問出反思性評論。在這段時間之中，觀察者記錄訪問者說了什麼話、做了什麼事來激發反思者深度思考。時間到時，觀察者要提出回饋。接著學生交換角色，並再重複這個過程兩次。

在小組討論之後

教師可以準備簡短的評量表（像第 3 章圖 3.4 所建議的那樣），並且請學生針對其目標與指定的討論技能，來評量個人貢獻及整體小組運作情況。

在內外圈討論之後

邀請外圈的觀察者提供回饋有許多方法。如果學生被指定觀察內圈的某些特別學生，他們可以在第一組及第二組交替的暫停時間一對一地訓練這些學生。通常這 2 位學生（教練和討論者）聚在一起討論他們各自認為在內圈討論的那一位成員，完成了哪些討論目標。他們也一起談論參與內圈討論的人，可以如何做得更好以達成目標。

如果外圈的學生被要求要觀察整組討論者，要記錄討論方法的例子，以及討論的進度，那麼教師就要問這些學生他們就指定的討論目標方面看到了什麼（包括範例及反例）。其中一種做法是使用修正過的協調規範（議定書來源：全國學生改革學院 http://www.nsrfharmony.org/system/files/protocols/tuning_0.pdf），這份規範讓每個觀察者都要負責提供意見，並且讓每個學生都專注於思考和提出回饋。

首先，教師提出以下問題：

> 看著你剛才觀察討論時所做的筆記，找出一個對這組討論具正向的回饋 —— 或者對某個討論者也可以 —— 此回饋要基於 (1) 討論（討論技能）的品質或者 (2) 討論的內容；也就是說，要能夠提升你對討論主題理解的東西。回饋要精確。

在回想 1 分鐘之後，教師點一名學生開始說他的正向回饋句子。然後在外圈的每個學生都很快地輪流說出他們的回饋。接著教師提示大家說：「現在思考一下剛剛所做的討論，還有我們下次如何能做得更好。我要外圈的每個人再一次提供一句回饋。」教師這次選了另一個學生開頭，在請內圈學生提供評論之前，很快地讓外圈學生都講完回饋。

通常要人們給回饋時，他們比較容易想出改善的方法而非指出剛剛做得不錯的部分。然而，由於這份規範是以正向或溫馨的回饋開始，學生就比較能接受之後針對待改善之處的回饋。使用這樣的規範也能確保參與的公平性：每個學生都發言且只能說一句話。

🧠提問方式

本書第 1 章所詳述的四種提問方式，對於學生所主導的討論是相當重要的：(1) 提出一個引起學生興趣，並且激發多元觀點的問題能啓動討論；(2) 有平等的機會回應是重要的，因爲學生必須透過發表才能釐清他們的想法。如果有些人沒有發言，他們可能也在思考，但或許不像他們放聲思考的同學那樣來得深刻；(3) 透過傾聽、提出探究的問題和使用靜默時間思考等方式來爲同儕的思考搭鷹架，這麼做可以讓討論成爲眞正的討論而非僅止於複誦一個又一個的事實或問題；(4) 思考的文化、相互尊重，以及強調討論過程的價值可以培養信任，並支持學生的參與。

> 「學生必須在心智方面，對教師及彼此有安全感。尊重必須是經由不斷地示範、教育及練習才能培養出來。唯有這樣做師生才能獲得豐富的課堂討論，收割心智上、學術上與情感上的回報。」（Erdmann & Metzger, 2013, p. 104）

在學生所主導的討論中，最重要的提問做法是創造出課堂討論氛圍以支持思考和尊重的對話。在這樣的課堂裡，學生可以自在表達自己的信念、合宜地表達反對意見、提出眞正的問題及冒險。如果學生可以每週一次或兩週一次有這樣的討論，他們會和相互討論的同學發展出密切的關係。他們會期待向彼此學習的機會。他們對於小組的向心力會驅使他們爲嚴謹的討論而做好準備，仔細聆聽並且比較自己和同學的看法。他們會發展出高度的情誼，他們會信任同學，因爲信任是從一起長時間努力去訂定且達成目標的團隊中培養出來的。這樣充滿安全感的環境，必須在互相信任、關心及嚴謹的思考者及學習者所組成的社群中才能培養出來。

反思與連結

1. 圖 5.1 指出並描述由學生所主導的討論的不同方式，其中哪一種讓你覺得最適合你的學生？為什麼？

2. 複習本章出現過的教師職責（如圖 5.3、5.4、5.5 所列），哪些看起來對你最有挑戰性？為什麼？

3. 複習本章出現過的學生職責（如圖 5.3、5.4、5.5 所列），哪些看起來對你的學生最有挑戰性？為什麼？

4. 回想你過去的經驗。在由學生所主導的討論中，你未來可以採取哪些步驟，和學生一起努力將這樣的討論提升到新的境界？

6

爲了討論而提問
開創出自己的設計

> 你將如何規劃討論中的提問，以支持學生的學習？

有品質的提問與有紀律的討論狀況，因課室而有所不同。不過在提問、討論風氣盛行的課室中，師生都一同努力發展出互動模式以支持學生在知識、認知，以及更重要的社會層面上的學習。課室中所呈現出的樣貌，投射出課室社群裡的師生特質。由於提問及討論都是過程，它們會不斷改變並且希望能一直進步。

本書提供教師資源，以期教師能依自己及學生的優勢設計出模式，具體地表現出對學生的合理期待。在本書的尾聲，邀請你一同回想書中呈現的架構，來思考在你的教學中以下問題：你是否會應用了？你爲了何種目的而應用？你會如何應用？你何時會運用？你會應用哪些方法？這些問題可以作爲工具，幫助你決定如何讓學生投入最深層及有意義的學習之中。

討論的三種形式：決定使用的時機和形式

討論發生在多種狀況和場域之中，端視教學目標、教師專業及學生的發展程度而言。討論的三種形式包括由教師主導的、結構性的小組及由學生所主導的討論，這些各別在第 3-5 章已討論過。當你爲討論做計畫時，你可能會需要回顧這三章來決定要選用哪一種。你所做的選擇會受到以下條件所影響：學生對討論主題的瞭解深度如何、學生的討論技能程度，以及教學目的。

教師一開始爲學生擔任提問及討論的規劃者。以教師爲主導的討論開始，我們就像是譜一首樂曲，它既符合學生的發展程度又兼顧學科領域的要

求。我們示範態度傾向和行為，也提供學生練習社交的、認知的及使用知識方面的技能，以創造出有紀律且有意義的討論。我們努力將所有聲部都帶入這場合奏之中，而我們深知這必將帶來和聲與不協調的樂音。在這樣的情境當中，教師扮演著重要的角色，不只是透過示範，也透過陳述、策略性的問題和其他支持策略。在這樣的情況中，我們可以停下來去訓練個別的學生或小組。

由此大家可能會推測，由教師所主導的討論主要是用在剛學習討論的學生身上，但其實並非如此。教師所主導的討論也適用在學生學習學科內容的初期，他們需要教師搭起學習的鷹架，同時能清楚聚焦在被選中的討論技能並從中獲益。事實上教師所主導的討論被視為課室學習的利器，它在所有年段程度、所有學科領域、所有年齡及程度的學生和各階段的學習上，都占有一席之地。

結構性的小組討論可用來增強及延伸在教師主導的討論中所強調的技能和學習過程，它可能讓學生有機會加深學科學習目標的知識。這個場域可被視為一個練習場讓學生可以遵循某個由教師所創作的腳本，以磨練出更加流暢的討論所需的技能。同樣地，教師根據教學目標選擇合適的架構或規範，並且為學生正在學習的討論技能來選擇規劃討論的時間。這些規範為思考及參與討論搭起鷹架，讓教師能視情況自由監督及介入輔導，或者在適合引進差異化時引導其中一個小組討論。同樣地，這種類型的討論總能為學生的學習發揮用處。本書第 4 章所強調的，為了各種教學目標所組織的結構性的小組討論可供運用，加上討論所建構的特定討論技能，這些變因都會影響教師在某堂課所選擇使用的規範。

如果將教師引導的討論比喻為管弦樂團的演奏，那麼由學生所主導的討論就可以比作爵士樂。當學生獨立探究一個主題或議題，沒有教師的引導和介入時，他們事實上在一唱一和，在投入對話時也加深個別理解和加廣知識領域。本書的論點是學生並不是天生就擁有這種高產能的討論技能。就像在爵士樂團裡一樣，學生需要學習彼此用心聆聽和回應，要對整個群體的創作有貢獻，因為群體大於各部分的總和。

　　參與教師引導的與結構性的小組討論，可以幫學生準備好參與學生主導的討論。你可能會想知道你的學生何時能準備好做自己主導的對話，以及他們需要練習另外兩種討論多久才算作好準備。這種討論的時機其實仰賴教師的判斷。不過我們相信要學生有典範可循，知道他們所扮演的角色和職責，並且與教師一起規劃討論的焦點和發展出討論的主動性，幾乎所有的學生都可以高產能地參與由自己所主導的討論。

　　在每個學習單元中，教師可以有效地融合這三種討論形式。當你開始為新的單元備課時，你會就長遠目標來思考在教學的哪個部分利用一種或一種以上的討論形式可以為學習加值，並提供學生發展相關討論技能的機會。我們可以想像在學習的過程中，策略性地運用教師引導及結構性的小組討論。由學生所主導的討論可能比較不常安排，但也希望能讓學生培養出這種形式的討論所能支持的獨立性。我們透過混合這三種討論形式可以為學生設計出學習經驗，讓他們能在真正精通學習內容之餘也發展出討論技能。

🧠 三組技能：為你的學生辨識出正確的融合

　　本書第 2 章提供了完整的討論技能，並將其分為三類：社交的、認知的及知識的使用。我們總共辨識出超過四十多種支持正向且有效能的學生互動的技能。我們很難想像將這些技能全部呈現給學生。確實這麼做會讓師生都難以招架。我們克制自己不要發展出技能的範疇和排序，因為我們相信這些討論工具的價值來自於教師，他們相互合作以開創全校都可以使用的成果。我們的願景是教師能把我們所匯集的技能，注入各自學校各個年段都能連續使用的工具。

　　如果貴校沒有這樣的連續性設計，教師自己要如何為班上學生選擇對他們有益的技能呢？我們在此提供以下方式給你參考。如果可能的話，請邀請其他和你分擔教學任務的教師一起參與以下過程：

• 回顧本書第 2 章所提供的技能（也可見附錄 A 摘要），然後根據

先前你對該年齡／年段學生的認識，反思你對學生的期望。你過去的學生有哪些能力，是你只需要為大多數的學生增強即可的？你認為哪些能力是處於多數學生的近側發展區（zone of proximal development）？你認為哪些能力是超過大部分處於這個發展階段的學生的理解範圍之外？

- 選擇對你所教的學科領域最重要的技能。如果你教多種學科，就分別為每個學科做選擇。

- 從以上兩個練習中草擬一份技能清單，並且讓你的學生做前測。你可以開發出一份簡要的調查，然後要學生評量自己的每一項技能。此外，你可以在討論時做記錄並且找尋使用這些技能的證據。與你的同事分享這個做法。

- 視挑選出的技能數量及本質等情況，將這些技能從令學生覺得最容易到最具挑戰性來排序。將此當作你規劃任何一種討論形式時參考的資源。

　　如果我們想幫助學生，讓他們更精通進行有紀律的討論所需的技能，意圖與策略的規劃是相當重要的。這麼做可以讓學生大大受惠。先前我們曾提出這個論點：培養討論的技能既是學習的工具，也是學習的目標。確實，學生以有紀律的思考（認知技能）、扎實的知識為基礎（使用知識的技能）來參與合作學習（社交技能），他們能夠加深加廣對於某個領域的理解。由此可見討論的技能有助於精熟學科內容目標。同樣地，當學生的社交技能進步了、認知技能精進了，也提升了他們使用知識的能力，他們就發展出終身學習的能力，而且也具備民主體制下社會參與的主動性。他們不僅是離開課室時帶走我們所教的能力，他們也將能獨立運作的很好。因此，我們相信教師必須能創造機會讓所有技能及能力水平的學生，都可以提升自己在這三個技能層面的能力。此外，我們也深信如果學生發展出增強並支持這些技能的相對應的態度，那麼學生就更能內化這些行為模式。

討論過程的五個階段：為成功而做計畫

　　本書的主題之一，就是優質的討論不會憑空發生。教師要為討論做規劃，而學生要做好準備並且掌控討論。本書第 3 章提及，在教師所引導的討論脈絡之下，為了規劃出高產能的討論可考量五個階段循環。這五個階段的循環讓你去思考結構性的小組討論（見第 4 章）和由學生主導的討論（見第 5 章）。「準備」及「反思」是這個循環的開始與結束，它們作為回饋的循環，可以協助學生在整個流程裡從討論中學習和進步。藉由反饋由反思蒐集而來的訊息作為接下來準備討論的參考，我們可以不斷延伸學生的能力，挑戰他們達到一定高度的流暢性。這個循環包含開頭、維持及結尾三個階段，因為我們認為在討論發生的當下預期與計畫是重要的。雖然我們無法精準預測討論會如何轉向，但是我們可以預測及計畫學生可能採取的方法和面臨的挑戰。

　　當我們使用五個階段的討論循環當作範本來設計有架構的小組和由學生所主導的討論時，我們會更加刻意地去想出一些方式，把討論的責任和控制權轉移給學生。從我們有策略性地讓學生準備討論來看，我們可以預期學生更真實地投入並為結果負責。我們鼓勵你與年紀較大的學生分享這個循環，告訴他們如何促成成功的討論。讓學生對討論過程附加的好處一目瞭然，是他們能有機會在校內、校外接觸到討論時，更加銘記在心並且具備後設認知。

四個高品質提問的方式：使用探究的工具

　　高品質的及高產能的討論是密不可分的。本書第 1 章強調了四個高品質提問的元素，它們對於高產能討論是不可或缺的，包括構建高品質焦點問題、促進公平參與、為學生的思考和發言搭鷹架，以及創造出支持思考及尊重言論的氛圍。這四個元素是接下來的章節中所凸顯的內容。

　　在我們早期與教師的合作中，我們聚焦在發展這四個區塊中的教學方式（Walsh & Sattes, 2005）；近年來我們則強調師生合夥共同在提問過程中發展各自技能（Walsh & Sattes, 2011）。唯有師生真正建立合作關係、學生精

熟這些高品質提問的元素，有效的討論才會發生。

當你構思討論的焦點問題時，思考如何吸引你的學生。一開始先辨認出與學生相關或對他們而言的核心議題或主題。詢問學生針對重要概念他們對什麼部分感興趣或困惑的，然後利用他們的回答來決定討論問題的焦點。或者邀請學生協助建構討論的問題。學生在課程設計小組中可以發揮其價值。在理想狀態中，他們是由學生所主導的討論裡主要設計問題的人。

討論問題的品質會影響學生在未來發言中的興致和掌握程度。然而，即使是一個非常引發興趣的問題本身，也不能打破長久以來所建立的學生參與模式。學生必須真正相信這是一個開放討論的問題，而非提示他們發覺教師對這個主題或議題的想法。身為教師，我們必須有意識地、持續地向學生傳達我們期待學生能在加廣理解一個重要議題方面，做出有意義的貢獻。此外，教師必須堅定地期待並協助每位學生的參與。一些合作的技能和支持的態度，可以發展學生促進機會均等的參與流暢度。如果學生瞭解機會均等的參與的理由和價值，就能發展出一種教室的共同約定，可以協助開創出鼓勵討論的文化。

「搭鷹架」這個詞彙在本書中經常被使用，它是構成有品質的提問的第三個要素。在教師所引導的教學當中，我們檢視了教師可以用來建立學生知識和技能的特定行動。這其中有許多行為都包括在本書第 2 章學生討論的技能部分。當學生以換句話說、重新表達、提問和建立在別人的想法等方式為彼此的思考搭鷹架時，學生所主導的討論即發揮了作用。在這個脈絡之下他們使用這種有品質的提問方式，來加深他們和其他人的理解、提出重要問題，並且探索新的領域。

教師無法靠自己創造出支持思考和相互尊重的討論風氣。風氣是由所有社群分子的集體約定和行為所開創出來的。然而，身為教師，我們可以提出願景，希望能和學生共創這股風氣。我們也可以辨識出與這種風氣相關的共同約定及行為，並且非常刻意地為學生示範。我們可以提供學生範本和錯誤的示範。我們可以在觀察及訓練個別學生時提供回饋。然而在一天結束之時，學生必須對彼此的觀點表示尊重、遵守所有人思考的時間、展現好奇

心、堅持追尋更深刻的意義、彼此鼓勵和再增強，並且以各種方法開創出討論的風氣，歡迎真實的、尊重的，以及思考的言論和高品質的提問。

最後的問題：反思你的信念

你的學生是否能形成討論的潛力，這一點教師是最後的決定者。值得一再重複的概念是：高產能的討論不會自己發生——這樣的討論會發生是因為教師相信討論使學生能更有深度地思考內容，以及達到想要的社交和認知的結果。這種討論之所以會發生是因為教師相信他們值得花時間和工夫來規劃並撥出課堂時間來做討論、來設計學習單元，以策略性地在學習循環中融合一種或多種討論形式。

假始你相信討論有其價值，我們希望本書能協助你和學生開創出促進學生學術目標和公民參與的討論。我們可以想像那樣的課室風景將有多麼美好。

與有紀律的討論相關的技能

社交技能

I. 發言技能

A. 發言清楚、音量充足,讓每個人都聽得到。

B. 在討論有切入點時發言,不用舉手。

C. 對同學和教師發言。

D. 以完整句子發言。

E. 對討論有貢獻,使所有人都能向其學習。

F. 清楚表達自己的想法。

G. 發言的長度可以讓其他人看出思考脈絡。

H. 能轉述文本或以其他形式呈現的資訊。

II. 聆聽技能

A. 在同學停止發言之後能靜默而思考發言者所說的話,並且比較發言者及自己的想法。

B. 提問以更加理解發言者的觀點。

C. 能等到確定發言者已經說完自己的想法之後,才補充自己的想法。

D. 正確地轉述同學所說的話。

E. 注視著發言者,並且運用非語言的訊號表示專注聆聽。

III. 合作技能

A. 補述說明並解釋同學的評論。

B. 主動讓尚未參與討論的同學加入。

C. 回應同學提問時防備心不要太強。

D. 對於與自己想法不同之意見,保持開放的心胸。

E. 主動理解來自不同背景、持有不同觀點的人，並與之溝通。

F. 以有禮、尊重的態度表達不同的意見。

認知技能

I. 做連結的技能

A. 辨認自己和他人想法的相同與不同之處。

B. 將先備知識（學術和個人的兩方面）與討論主題連結起來。

C. 提供原因與文本的證據以支持自己的觀點。

D. 分析並評估不同來源的訊息。

II. 提問技能

A. 提問以澄清並更加瞭解主題或文本的內容。

B. 問問題以確認發言者的想法。

C. 提問以澄清論點或結論背後的想法或原因。

D. 顯露並質疑自己的想法。

E. 好奇的時候問問題。

F. 提出假設性問題以鼓勵多元思考。

III.創造的技能

A. 參考不同發言者想法，使對話更深入。

B. 整合不同來源的訊息以產生新的思考方式。

C. 在聆聽同學的新解決方法或詮釋時先不下判斷。

D. 對合作尋求解決方法的過程做出貢獻。

使用知識的技能

I. 通用的／與所有知識領域相關

　　A. 在呈現事實時力求正確。

　　B. 引用訊息來源。

　　C. 評估訊息來源的可信度。

　　D. 評論需與主題或討論問題有關，不可離題。

II. 以文本為主的知識

　　A. 藉由提及文本與相關研究或其他媒體（例如：視覺藝術作品或音樂）來證明認真準備討論。

　　B. 引用文本或其他來源的特定證據。

　　C. 整合來自多重文本或來源的證據，將之融入論點。

　　D. 使用學術性的詞彙及領域中的語言。

III.先備的學術知識

　　A. 從先前學過的學科範圍（領域）的學習中，提取相關訊息。

　　B. 從其他學科提取相關訊息。

IV. 經驗知識

　　A. 從校外的資源引進相關訊息。

　　B. 反思並評估個人對議題的信念或立場，該議題與討論中所提出的想法相關。

　　C. 將討論所聚焦的學術內容與當下的社會、經濟或文化現象連結。

　　D. 評估訊息是否適宜教室場域。

規劃一場高產能的討論範本

I. 形成討論的焦點問題

　A. 議題或關鍵概念

　　1. 這與哪個標準相關？

　　2. 這個議題能引起多少多元觀點或視角？

　　3. 學生對於此議題必須思考的知識深度與廣度有多少？

　　4. 這個議題可能多吸引學生？這個議題與學生興趣之相關？為什麼它可對學生而言是重要的或相關的？

　B. 問題的用字遣詞與結構

　　1. 問題裡嵌入什麼學術詞彙？

　　2. 什麼動詞可以啟動想要達成的思考深度？

　　3. 架構脈絡的序言，例如：引導句，是否能協助及啟動學生思考？假設如此，會是什麼樣的序言？

II. 選擇討論技能及態度

　A. 社交技能。考量你的學生目前在發言、聆聽，以及合作思考方面的流暢度。如果你班上大多數的學生還沒精熟這些基礎的社交技能，這個討論的主要焦點應該只放在社交技能上。如果你的學生多半都已顯現出精熟核心社交技能，那麼就從中選擇最多三項當作複習和再增強——以及從其他某個類別的目標技能。

　　1.

　　2.

　　3.

B. 認知技能。檢視焦點問題以協助你決定要以哪些認知技能為目標。考慮 (1) 焦點問題中的動詞和 (2) 學生可能的回答。選一組有限度的認知技能，並且準備好透過放聲思考來示範。

1.

2.

3.

C. 使用知識的技能。檢視焦點問題以協助你決定要以哪些使用知識的技能為目標。例如：焦點問題能夠達到何種程度，讓學生從其他領域或校外經驗整合訊息——或者使用和評估多重消息來源？

1.

2.

D. 態度傾向。選擇可增強所選出來的態度傾向的策略。準備好幫助學生理解被挑選出來的態度傾向及其相關技能。

1.

2.

討論前為學生所做的準備

A. 文本或主要訊息來源的閱讀

藉由提供學生思考的參考點和觀點的可信度，以文本為主的討論有助於學生聚焦於討論問題。

B. 與討論主題有關的獨立研究

在學生能夠使用線上資源的情況下，獨立研究是可行的閱讀前活動，並且能產生多元觀點。如果這被選作學生準備的模式，則某些使用知識的技能，例如：評估訊息來源可信度，就變得非常重要。

C. 討論前的寫作作業

寫作作業可以在學生準備討論時，協助他們澄清想法。

D. 學生自行產出與討論主題相關的問題

如果學生事先有時間思考討論的主題，那麼他們在討論中比較能夠提出問題。有個簡單卻強大的策略是在討論的前一天先預覽焦點問題，並請學生

當天寫作業時要產生對該主題真正的好奇。

III. 啟動並維持思考和發言的結構

A. 思考的啟動

1. 發展提示

在教師所引導的討論中，提示可以邀請學生在討論前進行反思寫作，以建立焦點並產生想法。有效的提示可以幫助學生看出主題與他們的生活之間的關聯。

2. 選擇結構

- 線上平臺：例如：Schoology、Edmodo、Moodle。
- 配對回答：例如：思考—配對—分享；Card Swap。
- 小組：例如：Synectic；人物圖表。

B. 重新獲得動力、專注或增加參與

1. 預測討論中可能出現的問題，需要教師的介入。根據你的學生與主題，考慮以下四種情況及你所預期的其他情況。

- 如果班級似乎正在失去精力或熱情，或者討論似乎沒有進展或更深入，怎麼辦？
- 如果學生不專注於討論該問題，怎麼辦？繼續或擺脫話題？
- 如果學生沒有使用基於文本的證據，或使用錯誤的訊息來支持自己的立場，怎麼辦？
- 如果大多數學生不說話或不參加，怎麼辦？

2. 可能之介入

- 使用配對的回應，例如：「思考—配對—分享」或「轉彎」和「對話」（準備提示以用於此目的）。
- 透過對開場的提問，提出各種不同思考層面來重新關注一個與原始思考有關的焦點問題。
- 提供個人有更多時間以整合思維與寫作，也許可以規定每個學生去思考他或她就這個問題曾經有過的相關對話。

IV. 組織問題

  A. 討論組的規模和配置

    1. 全班

    2. 魚缸討論法（注意事項：組成每個學生討論小組的人數、小組／輪流次數，以及小組的組成。）

    3. 由教師協助的小組

      需列入考量的條件：每組的組成、每次小組討論的時間、當學生進行討論前或討論後的活動時給予的指導語。

  B. 平面圖

    1. 大圈

    2. 內外圈

    3. U 形座位

    4. 其他

參考文獻

Adler, M. J. (1985). *How to speak, how to listen.* New York: Macmillan.

Argyris, C. (1990). *Overcoming organizational defenses: Facilitating organizational learning.* Boston: Allyn & Bacon.

Applebee, A. N. (2003). *The language of literature.* New York: McDougal.

Block, P. (2011). *Flawless consulting: A guide to getting your expertise used* (3rd ed.). San Francisco: Jossey-Bass.

Boyd, M., & Galda, L. (2011). *Real talk in elementary classrooms: Effective oral language practice.* New York: Guilford.

Boyer, E. L. (1983). *High school: A report on secondary education in America.* New York: Joanna Cotler Books.

Bridges, D. (1979). *Education, democracy and discussion.* Windsor, UK: NFER Publishing.

Brookfield, S. D., & Preskill, S. (2005). *Discussion as a way of teaching: Tools and techniques for democratic classrooms* (2nd ed.). San Francisco: Jossey-Bass.

Brown, J., & Isaacs, D. (2005). *The world café: Shaping our futures through conversations that matter.* Oakland, CA: Berrett-Koehler.

Cartier, J. L., Smith, M. S., Stein, M. K., & Ross, D. K. (2013). *5 practices for orchestrating productive task-based discussions in science.* Reston, VA: National Council of Teachers of Mathematics.

Cazden, C. B. (2001). *Classroom discourse: The language of teaching and learning* (2nd ed.). Portsmouth, NH: Heinemann.

Conley, D. T. (2008). *College knowledge: What it really takes for students to succeed and what we can do to get them ready.* San Francisco: Jossey-Bass.

Copeland, M. (2005). *Socratic circles: Fostering critical and creative thinking in middle and high school.* Portland, MN: Stenhouse.

Costa, A. L., & Kallick, B. (2014). *Dispositions: Reframing teaching and learning.* Thousand Oaks, CA: Corwin.

Csikszentmihalyi, M. (1990). *Flow: The psychology of optimal experience.* New York: Harper & Row.

Danielson, C. (2013). *The framework for teaching evaluation instrument, 2013 edition.* Princeton, NJ: The Danielson Group.

Dillon, J. T. (1988). *Questioning and teaching: A manual of practice.* New York: Teachers College Press.

Dillon, J. T. (1994). *Using discussion in the classroom.* Buckingham, UK: Open University Press.

Donoahue, Z. (2001). Examination of the development of classroom community through class meetings. In G. Well (Ed.), *Action talk and text: Learning and teaching through inquiry* (pp. 25–40). New York: Teachers College Press.

Duckworth, E. (1981). *Understanding children's understandings.* Paper presented at the Ontario Institute for Studies in Education, Toronto, Canada.

Erdmann, A., & Metzger, M. (2013). Discussion in practice: Sharing our learning curve. In J. Ippolito, J. F. Lawrence, & C. Zallar (Eds.), *Adolescent literacy in the era of the Common Core: From research into practice* (pp. 103–116). Cambridge, MA: Harvard Education Press.

Fisher, D., & Frey, N. (2008). *Content-area conversations: How to plan discussion-based lessons for diverse language learners.* Alexandria, VA: ASCD.

Fry, E. B., & Kress, J. E. (2006). *The reading teacher's book of lists: Grades K–12* (5th ed.). San Francisco: Jossey-Bass.

Goodlad, J. (1984). *A place called school.* New York: McGraw-Hill.

Graff, G. (2004). *Clueless in academe: How schooling obscures the life of the mind.* Hartford, CT: Yale University Press.

Green, J. (2002). *The green book of songs by subject: The thematic guide to popular music.* Nashville, TN: Professional Desk References.

Hale, A. S., & City, A. C. (2006). *The teacher's guide to leading student-centered discussions: Talking about texts in the classroom.* Thousand Oaks, CA: Corwin.

Hammond, W. D., & Nessel, D. D. (2011). *The comprehension experience: Engaging readers through effective inquiry and discussion.* Portsmouth, NH: Heinemann.

Haroutunian-Gordon, S. (2014). *Interpretive discussion: Engaging students in text-based conversations.* Cambridge, MA: Harvard Education Press.

Hess, D. (2011). Discussions that drive democracy. *Promoting Respectful Schools, 69*(1), 69–73.

Ho, A. D., & Kane, T. J. (2013). *The reliability of classroom observations by school personnel.* The MET Project. Seattle: Bill & Melinda Gates Foundation.

Isaacson, W. (2014). *The innovators: How a group of hackers, geniuses and geeks created the digital revolution.* New York: Simon & Schuster.

Juzwik, M. M., Borsheim-Black, C., Caughlan, S., & Heintz, A. (2013). *Inspiring dialogue: Talking to learn in the English classroom.* New York: Teachers College Press.

Kamil, M. L., Borman, G. D., Dole, J., Kral, C. C., Salinger, T., & Torgesen, J. (2008). *Improving adolescent literacy: Effective classroom and intervention practices.* Washington, DC: Institute for Education Sciences.

McCann, T. M. (2014). *Transforming talk into text: Argument writing, inquiry, and discussion, grades 6–12.* New York: Teachers College Press.

Mehan, H. (1979). *Learning lessons: Social organization in the classroom.* Cambridge, MA: Harvard University Press.

Michener, C. J., & Ford-Connors, E. (2013). Research in discussion: Effective support for literacy, content, and academic achievement. In J. Ippolito, J. Lawrence, & C. Zaller (Eds.), *Adolescent literacy in the era of the common core: From research into practice* (pp. 85–102). Cambridge, MA: Harvard Education Press.

Murphy, P. K., Wilkinson, I. A. G., Soter, A. O., Hennessey, M. N., & Alexander, J. F. (2009). Examining the effects of classroom discussion on students' comprehension of text: A meta-analysis. *Journal of Educational Psychology, 101*(3), 740–764.

Nystrand, M. (1997). Dialogic instruction: When recitation becomes conversation. In M. Nystrand, with A. Gamoran, R. Kachur, & C. Prendergast, Eds., *Opening dialogue: Understanding the dynamics of language and learning in the English classroom* (pp. 1–29). New York: Teachers College Press.

Nystrand, M., with Gamoran, A., Kachur, R., & Prendergast, C., Eds. (1997). *Opening dialogue: Understanding the dynamics of language and learning in the English classroom.* New York: Teachers College Press.

Perkins, D. N. (2010). *Making learning whole: How seven principles of teaching can transform education.* San Francisco: Jossey-Bass.

Popham, W. J. (2013). *Evaluating America's teachers: Mission possible?* Thousand Oaks, CA: Corwin.

Ritchhart, R., Church, M., & Morrison, K. (2011). *Making thinking visible: How to promote engagement, understanding, and independence for all learners.* San Francisco: Jossey-Bass.

Rowe, M. B. (1986, January–February). Wait time: Slowing down may be a way of speeding up! *Journal of Teacher Education, 37*(1), 43–50.

Sartain, L., Stoelinga, S.R., & Brown, E.R. (2011). *Rethinking teacher evaluation in Chicago: Lessons learned from classroom observations, principal-teacher conferences, and district implementation.* Chicago: Consortium on Chicago School Research at the University of Chicago Urban Education Institute.

Sawyer, R. K. (2009). The new science of learning. In R. K. Sawyer (Ed.), *The Cambridge handbook of the learning sciences* (pp. 1–16). Cambridge, UK: Cambridge University Press.

Schmoker, M. (2011). *Focus: Elevating the essentials to radically improve student learning.* Alexandria, VA: ASCD.

Smith, M. S., & Stein, M. K. (2011). *5 practices for orchestrating productive mathematics discussions.* Reston, VA: National Council of Teachers of Mathematics.

Teachers of English to Speakers of Other Languages (TESOL). (2006). *PreK–12 English language proficiency standards: Augmentation of the World-Class Design and Assessment (WIDA) consortium of English language proficiency standards.* Alexandria, VA: Author.

Teaching Channel. (2012). *Socratic seminar: Supporting claims and counterclaims* [Online video]. Retrieved from https://www.teachingchannel.org/videos/using-socratic-seminars-in-classroom.

Teaching Channel. (2013a). *Socratic seminar: The "n-word"* [Online video]. Retrieved from https://www.teachingchannel.org/videos/teaching-the-n-word.

Teaching Channel. (2013b). *Socratic seminars: Patience and practice* [Online video]. Retrieved from https://www.teachingchannel.org/videos/bring-socratic-seminars-to-the-classroom.

Teaching Channel. (2014). *Inquiry-based discussion* [Online video]. Retrieved from https://www.teachingchannel.org/videos/inquiry-based-discussions-for-text.

Teaching Channel. (2015). *Formative assessment: Collaborative discussions* [Online video]. Retrieved from https://www.teachingchannel.org/videos/formative-assessment-example-ela-sbac.

Wagner, T. (2010). *The global achievement gap: Why even our best schools don't teach the new survival skills our children need—and what we can do about it.* New York: Basic Books.

Walsh, J. A., & Sattes, B. D. (2005). *Quality questioning: Research-based practice to engage every learner.* Thousand Oaks, CA: Corwin.

Walsh, J. A., & Sattes, B. D. (2011). *Thinking through quality questioning: Deepening student engagement.* Thousand Oaks, CA: Corwin.

Wells, G. (1993). Reevaluating the IRF sequence: A proposal for the articulation of theories of activity and discourse for the analysis of teaching and learning in the classroom. *Linguistics and Education, 5,* 1–37.

Wiliam, D. (2011). *Embedded formative assessment.* Bloomington, IN: Solution Tree.

關於作者

Jackie Acree Walsh 是獨立的教育顧問，她的夥伴遍及全國教育工作者，致力於提升教學品質及課室、學校與學區的領導力。以阿拉巴馬州的蒙哥馬利為根基，Jackie 也是阿拉巴馬州最佳教學法中心（Alabama Best Practices Center）的首席顧問，這使她有機會與學校團隊、學區團隊、教學夥伴，以及督學合作。

Jackie 早期曾擔任中學社會科教師，這個經驗造成她對提問產生熱情。身為教師專業發展、教學教練及行政人員課程設計師與協助者，她不只將高品質的提問方式與學生學習連結在一起，更將其與成人學習及反思連結。她致力於合作學習設計，依學習者的背景將學習經驗客製化。她的經驗橫跨 K-12、高等教育、區域的研究實驗室，以及州政府教育廳。

身為多本高品質提問的書籍及文章作者或共同作者，Jackie 力求將研究及最佳方式提供給教學者。她於杜克大學（Duke University）取得文學士學位、北卡羅萊納州大學教堂山分校（University of North Carolina at Chapel Hill）取得教育文學士學位、阿拉巴馬大學（University of Alabama）取得博士學位。與 Jackie 的聯繫方式：walshja@aol.com/Twitter@Question2Think。

Beth Dankert Sattes 透過她的公司「熱愛學習」（Enthused Learning），為 K-12 教室中的有效提問領域從事諮詢。她與遍及美國東、南部的服務中心、學區、學校，以及州教育廳的客戶與員工合作，經常協助成人教育並且（面對面或透過網路）進行後續追蹤。Beth 一開始接觸教育是從事小學特教教師，接下來成為學齡前行為異常兒童家長的教育者。她於范德比大學（Vanderbilt University）取得學士學位，於皮博迪學院（Peabody College）取得早期兒童特教碩士。她最喜愛從事成人教育，無論是教師、行政人員、教學教練，還是家長。一直以來，她的主要目標是將以研究為本的方法轉譯為容易理解且應用的方式，讓成人投入並深受鼓舞。有時她會直接協助成人教育，有時則訓練教師的領導者協助其同事的學習。

Beth 與 Jackie Walsh 已共同寫了五本書，包括 *Thinking Through Quality Questioning*、*Leading Through Quality Questioning* 和 *Quality Questioning*。與 Beth 的聯繫方式：beth@enthusedlearning.com。

國家圖書館出版品預行編目資料

課室討論的關鍵：有意義的發言、專注聆聽
　與深度思考／Jackie Acree Walsh, Beth
　Dankert Sattes著；張碧珠等譯. -- 二版.
　-- 臺北市：五南圖書出版股份有限公司,
　2022.09
　　面；　公分
　譯自：Questioning for classroom discussion:
purposeful speaking, engaged listening, deep thinking
　ISBN 978-626-343-185-0 (平裝)

1.CST: 問題導向學習　2.CST: 問題教學法

521.422　　　　　　　　　　　　111012515

113D

課室討論的關鍵：有意義的發言、專注聆聽與深度思考

作　　者 ― Jackie Acree Walsh、Beth Dankert Sattes

譯　　者 ― 張碧珠 等

發 行 人 ― 楊榮川

總 經 理 ― 楊士清

總 編 輯 ― 楊秀麗

副總編輯 ― 黃文瓊

責任編輯 ― 陳俐君、李敏華

封面設計 ― 王麗娟

出 版 者 ― 五南圖書出版股份有限公司

地　　址：106臺北市大安區和平東路二段339號4樓

電　　話：(02)2705-5066　　傳　　真：(02)2706-6100

網　　址：https://www.wunan.com.tw

電子郵件：wunan@wunan.com.tw

劃撥帳號：01068953

戶　　名：五南圖書出版股份有限公司

法律顧問　林勝安律師事務所　林勝安律師

出版日期　2020年6月初版一刷
　　　　　2022年9月二版一刷

定　　價　新臺幣320元

經典永恆・名著常在

五十週年的獻禮——經典名著文庫

五南，五十年了，半個世紀，人生旅程的一大半，走過來了。

思索著，邁向百年的未來歷程，能為知識界、文化學術界作些什麼？

在速食文化的生態下，有什麼值得讓人雋永品味的？

歷代經典・當今名著，經過時間的洗禮，千錘百鍊，流傳至今，光芒耀人；

不僅使我們能領悟前人的智慧，同時也增深加廣我們思考的深度與視野。

我們決心投入巨資，有計畫的系統梳選，成立「經典名著文庫」，

希望收入古今中外思想性的、充滿睿智與獨見的經典、名著。

這是一項理想性的、永續性的巨大出版工程。

不在意讀者的眾寡，只考慮它的學術價值，力求完整展現先哲思想的軌跡；

為知識界開啟一片智慧之窗，營造一座百花綻放的世界文明公園，

任君遨遊、取菁吸蜜、嘉惠學子！